나의 하루는 4시 30분에 시작된다

나의 하루는
4시 30분에 시작된다

하루를 두 배로 사는
단 하나의 습관

김유진 지음

TORNADO
토네이도

일러두기

1. 이 책에 등장하는 주요 인명, 지명, 기관명, 상표명 등은 국립국어원 외
   래어표기법을 따르되 일부는 관례에 따라 소리 나는 대로 표기했다. 원
   문은 인명과 기관명, 설명이 필요한 개념의 경우 본문 내 최초 등장에
   한해 병기했다.
2. 단행본은 《 》, 논문, 언론매체, 영화 등은 〈 〉으로 표기했다. 국내에 정식
   으로 소개되지 않은 작품에 한해 원제를 병기했다.

일어나라,
삶이 바뀐다.

새벽 기상을 실천한
구독자들의 실제 후기

유진 님 덕에 세 달간 5시에 일어나면서 쓸 수 있는 시간이 자연스럽게 늘어났습니다. 제가 하고 싶었던 모든 걸 할 수 있더라고요. 힘들었던 시간이 지나고 마법같이 혼자 힘으로 독립을 하게 됐습니다. 처음엔 왜 이렇게 일찍 일어나야 하는지 불만도 많았지만 지금은 더없이 값진 시간이라고 생각합니다. 몇 달 후엔 또 어떤 일이 생길지 모르겠네요.

_온**

예전에는 매번 8시에 일어났는데 5시 30분에 일어난 지 이제 두 달이 돼갑니다. 처음 일주일이 힘들지 익숙해지면 밤늦게 자도, 알람을 놓쳐도 5시 30분 전후로는 늘 일어나게 되더라고요. 일어나서 뛰든 걷든 30분 나갔다 오고 아이 유치원 준비, 아내 도시락

준비, 제 출근 준비를 해도 시간이 모자르지 않습니다. 여러분도
일주일만 해보세요!

_초*****

아침 4시에 일어난 지 거의 한 달이 됐어요. 2~3일 정도는 못 일
어날 때도, 힘겨울 때도 있었지만 오늘은 핸드폰이 꺼져서 알람
이 울리지 않았는데도 제시간에 기상을 했네요. 정말 하루가 제
기준으로, 제 뜻대로 돌아가는 느낌입니다. 오늘도 영상으로 용기
와 힘을 주셔서 감사합니다.

_지******

한동안 무기력증에 너무 힘들었습니다. 그래서 지난 2주간 새벽
5시에 기상하고 있습니다. 아직은 무엇을 해야 할지 몰라 운동과
독서만 하고 있지만, 이전과는 다르게 매사에 의욕이 생기고 아
침 늦게까지 잤을 때보다 덜 피곤합니다. 앞으로도 꾸준히 노력할
생각입니다. 사실 평소 변호사님 영상을 계속 보지 않았다면 5시

기상은 생각조차 하지 않았을 겁니다. 이렇게 댓글로나마 감사의 인사 전합니다.

_y********

변호사님 영상을 보고 아침 5시 기상에 도전했습니다. 오늘 처음으로 성공했습니다. 일찍 일어난 것 자체로 성취감을 느꼈을 뿐만 아니라 두 시간을 알차게 보냈어요. 눈뜨자마자 씻고 좋아하는 차를 마시면서 변호사님 브이로그를 보고 오늘 일정을 정리했습니다. 감사한 마음에 길게 댓글을 남겨봅니다. 변호사님 영상은 정말 힘이 됩니다. 항상 응원합니다.

_차**

무기력하고 끈기 없는 스물다섯 살인 저는 평소 다짐하고 포기하기만 수시로 반복하며 남들보다 부족한 사람이라는 열등감에 빠져 있었어요. 뭘 하고 살아야 하는지도 모르겠고 앞으로 무의미

한 하루만 계속될 줄 알았는데, 우연히 변호사님의 영상을 봤어요. 처음에는 저와 다른 삶을 사는 분이라고 생각했는데 영상을 계속 보다 보니 제 삶을 돌아보게 되더라고요. 아직 서툴지만, 일찍 일어나고 규칙적인 루틴을 만들어보고 있어요. 예전에는 10년 뒤 미래가 오지 않았으면 바랐는데, 지금은 10년 뒤에 변호사님처럼 열정적이고 부지런한 사람이 되고 싶어요. 감사합니다.

ㄴ****** ***

항상 시간이 부족해서 이래저래 핑계가 많이 생겼는데 그 말이 쏙 들어가게 하시네요. 누워서 한 시간 유튜브 구경하다가 변호사님 영상 보는 순간 침대에서 일어났어요. 감사합니다.

ㄴ그****

방학을 시작하고 무기력함이 가시지 않고 더욱 심각해져서 어떻게 극복해야 할지 몰랐어요. 그런데 언니 영상을 보고 동기 부여가 많이 되고 제 자신을 다시 한 번 돌아보게 됐어요. 감사합니다.

_E*** ***

직장에서의 인간관계에 힘들어했는데 변호사님의 영상들을 차근 차근 보다 보니 제가 한 가지 못하고 있는 게 있더라고요. 바로 제 자신에게 집중하지 못하는 것이었어요. 그래서 요즘 점심시간에 운동하기와 퇴근 후에 영어 공부하기를 시작했어요. 생각해보니 제가 정말 해내고 싶은 게 이 두 가지더라고요. 다 변호사님 덕분 이에요.

_E**** ****

최근 변호사님의 일상을 촬영한 영상을 보며 많은 것을 느낍니다. 아침 시간을 활용하는 노하우와 이로 인해 얻을 수 있는 이점을 깨달아 제 삶을 컨트롤하는 방법을 배웠습니다. 요즘에는 마음과 시선을 빼앗는 요소들이 정말 많은데 어디에 우선순위를 둬야 하 는지 분명하게 알았어요. 이 영상 보고 인스타그램 계정 삭제했네요. 큰 자극이 돼주셔서 감사합니다.

_Y**********

김유진 변호사님께 정말 감사의 인사를 드립니다. 늘 습관적인 불
안감에 아무 일도 하고 싶지 않았는데 우연히 변호사님의 영상을
보게 됐습니다. 그날로 바로 4시 30분 기상에 도전하고 3주 동안
유지했어요. 그랬더니 근거 있는 자신감이 퐁퐁 샘솟더라고요!
나름 기상 영상도 찍어보고 아침 일기도 써보니 삶이 다르게 느
껴졌습니다. 나갈 준비를 할 때 항상 변호사님 영상을 틀어요. 진
짜 에너지가 생기거든요! 정말 정말 감사합니다.

_S********

일찍 일어나는 것만으로
더 나은 삶을 살 수 있다면

하루하루가 모여 일상을 만든다. 그러니 요즘의 일상이 만족스럽지 않다면 오늘 하루만이라도 어제와 다르게 살아보는 건 어떨까? 자신에게 이렇게 외쳐보자.

"오늘은 조금 특별하게 하루를 시작해보자!"

하루를 다르게 시작하는 방법은 간단하다. 바로 평소와는 다른 시간에 일어나는 것이다. 조금 일찍 일어나 이부자리를 정리하고 아침을 먹어보자. 늦잠을 자고 쫓기듯 하루를 준비하는 게 아니라 느긋하게 아침의 여유를 즐긴다면 분명 어제와는 다른 오늘이 펼쳐질 것이다. 그리고 그렇게 달라진 하루가 모이면 일상이 달라질 것이다.

나는 다른 사람들보다 조금 이른 시간인 오전 4시 30분에 하루를 시작한다. 그 덕에 직장 생활을 하면서도 새로운 일에 도전하고 취미를 즐기고 책도 쓰며 평소 추구해온 삶을 살고 있다. 물론 일도 소홀히 하지 않는다.

아침에 일어나기 힘들지 않느냐고? 당연히 힘들다. 오랫동안 새벽 기상을 실천해왔지만 지금도 잠에서 깨어나는 순간에는 몸이 천근만근이다. 하지만 이 찰나를 이겨내지 못하고 이런저런 핑계로 다시 잠들면 늘 똑같은 삶에 머무를 것이라는 생각으로 몸을 일으킨다.

변호사 시험에 합격하고 직장인이 된 후 나는 기대와 달리 늘 똑같은 일상을 반복했다. 아침에는 잠이 덜 깬 상태로 힘들게 출근하고 저녁에는 지쳐서 멍하니 텔레비전을 보거나 핸드폰으로 아무 의미 없는 SNS 구경과 웹 서핑을 하는 것이 유일한 낙이었다. 퇴근하고 나서는 아무것도 하기가 싫었다. 무기력증인지 우울증인지, 나도 모르게 항상 힘이 빠져 있었다. 변화가 간절했다. 단순히 머리 모양을 바꾸거나 새 옷을 사는 게 아니라 인생을 바꿀 나만의 특별한 순간을 만들고 싶었다.

하지만 특별한 방법이 떠오르지 않았다. 학창 시절에는 공부하느라 나를 관리하는 방법에 관심이 없었다. 사회인이 되면 마음먹은 대로 다양한 일에 도전할 줄 알았지만 현실은 녹록지 않았다. 아무것도 하기 싫은데 무슨 변화가 생기겠는가? 이때 새벽 기상으로 인생의 보너스 타임을 얻었다.

새벽 기상은 시간이 없다는 핑계를 댈 수 없게 만든다. 하루 중 깨어 있는 시간이 많으니 해야 할 일에 지장을 주지 않고도 하고 싶은 일을 할 수 있다. 갑자기 저녁에 약속이 생기거나 야근을 하느라 일정이 변동돼도 포기할 것들이 없다. 아침을 어떻게 활용하는지에 따라 그날 할 수 있는 일과 나에게 주어지는 기회는 달라진다.

그렇다고 내가 아침형 인간이 되라고 강요하는 건 아니다. 더 적게 자고 일찍 일어나 힘든 일을 하라는 것 역시 아니다. 나도 새벽 기상을 한다고 수면 시간을 줄이지 않았다. 새벽에 거창한 일을 시도하지도 않았다.

나는 아침 4시 30분에 일어나면서 추가로 얻은 시간에 나의 내면을 바라봤다. 또 지금 하고 싶은 일과 앞으로 할 수 있는 일을 생각했다. 스스로를 변호사로, 직장인으로 단정 짓지 않고 나에게 주어지는 기회에 한계를 두지 않았다. 그러자 달라지는 나

나의 하루는 4시 30분에 시작된다

의 모습을 발견했고 하루하루가 즐거워졌다. 머릿속으로만 그려 본 내 모습이 실제로 돼보니 삶 전체가 변화됐다.

하루 24시간은 모두에게 주어진다. 그 시간을 어떻게 사용할 지는 각자에게 달려 있다. 하지만 더 잘 사용할 방법을 혼자 고민 해야 하는 것은 아니다. 이제부터 현실을 바쁘게 보내느라 잃어 버렸던 나만의 시간을 찾는 방법을 이 책이 알려줄 것이다. 지금 마음속에 있는 상처와 고민을 잠시 내려놓고 다시 세상 밖으로 나오고 싶다면 이 책이 디딤돌이 돼줄 것이다. 당신의 새로운 변 화를 진심으로 응원한다.

목차

PART 1 │ 새벽은 배신하지 않는다

PART 2 │ 4시 30분, 새로운 나를 만났다

PART
1

새벽은
배신하지 않는다

chapter 1

일찍 일어난 날
모든 것이 바뀌었다

증상 없는 마음의 병

2017년 말, 나는 미국에서의 모든 공부와 1년의 법원 펠로우십fellowship을 끝내고 한국으로 돌아와 국내 대기업에 취직하면서 변호사로서 사회생활을 시작했다. 꿈에 그리던 변호사 자격증을 취득하고 원해온 직장에 합격한 것이다. 드디어 안정적인 삶을 살 수 있게 되다니 세상 모든 걸 다 가진 느낌이 들었다. 이제는 공부도, 시험도 볼 필요가 없다는 생각에 너무 행복했다. 회사만 열심히 다니면 문제 될 것이 없었다.

나의 하루는 다른 직장인처럼 평범하게 흘러갔다. 6시 30분에 오는 통근 버스를 타기 위해 6시에 일어나 씻고 출근했다. 이동 시간에는 잠을 자거나 온라인 기사를 읽었다. 회사에서 업무를 처리하다가 여유가 생기면 동료들과 잠깐 휴식을 취하기도 했다. 어쩌다 눈치 보며 칼퇴근하는 날에는 친구를 불러내서 치콜(치킨과 콜라, 나는 술을 마시지 않는다)을 하거나 집에 와서 허겁지겁 저녁을 먹고 다음 날 출근을 위해 일찍 잠들었다.

이렇게 비슷한 일상은 한동안 계속됐다. 일어나서 출근 준비하고 회사에 가서 일을 했다. 가끔은 퇴근 후 억지로라도 헬스장에 들러 하는 둥 마는 둥 운동을 하고 집으로 돌아와 저녁을 먹은 뒤 바로 잠에 들었다.

이 생활이 싫지는 않았다. 오히려 이렇게 똑같은 루틴이 당연하다 믿었다. 나는 이제 학생이 아니라 변호사이자 직장인이니 새로운 일이나 튀는 행동을 해서는 안 되며 그저 회사만 열심히 다니면 아무 문제가 없을 거라고 생각했다. 나뿐만 아니라 직장 동료들도 다들 비슷하게 살고 있는 것 같았다. 그렇게 매일 조용히 일만 하며 평범한 나날을 보냈다.

직장인이 된 후 달라진 점이 있다면 평일 저녁과 주말에 억지로 더 자게 됐다는 것이었다. 피로가 누적돼 회사 생활에 지장이 생길까 봐 불안했기 때문이다. 기회가 생기면 무조건 쉬어야 한다고 믿었다.

사실 이렇게라도 쉬지 않으면 죽을 것만 같았다. 지난 몇 년간 로스쿨 입학 준비하랴, 성적 관리하랴, 시험공부 하랴, 취업 준비하랴, 쉴 틈 없이 달려왔다. 겨우 변호사가 됐는데 사회생활은 변호사가 되는 것보다 더 어려웠다. 그래서 '이제는 더 이상 힘들어서도, 열심히 해서도 안 된다. 그냥 최대한 쉬어야 한다'라고 생각했다. 그렇게 나를 방치했다.

어쩌다 생긴 쉬는 시간에 특별히 무언가 하는 것은 아니었다. 그저 침대와 하나가 돼 핸드폰으로 친구들의 SNS를 보거나 연예 기사를 읽으며 시간을 보냈다. 월요일에는 다시 달려야 하니까, 나만 쉬는 게 아니니까, 모두가 이렇게 살고 있으니까!

하지만 아무리 쉬어도 에너지는 채워지지 않았다. 오히려 시간이 갈수록 점점 더 지치고 짜증이 늘고 우울함을 느꼈다. 어느 날에는 불면증에 시달리고 또 다른 날에는 저녁도 거르고 잠만 잤다. 무언가를 하고 싶다는 생각도 들지 않았다.

•

내가 이상해지고 있다는 사실을 깨달은 건 어느 평범한 아침이었다. 회사에 들어서자마자 책상에 위에 놓인 노트북이 보였다. 나도 모르게 갑자기 눈물이 났다. 누가 괴롭히는 것도 아닌데 숨이 막혔다. 누군가 우는 내 모습을 볼까 봐 화장실로 황급히 피했다. "휴… 도대체 뭐하냐" 하고 혼잣말을 하며 세수했다. 거울에 비친 나의 모습은 엉망이었다.

나는 점점 변하고 있었다. 어느 순간부터 하루를 잘 견디는 것만으로 만족했다. 부정적인 생각이 숨통을 조였다. 눈을 뜰 때부터 잠들기 전까지 일어나지도 않은 일을 쓸데없이 고민하며 점점 지쳐갔다. 퇴근 후에도 회사에서 실수는 안 했는지, 더 잘할 수는 없었는지, 내일 제출해야 할 서류는 다 준비했는지 확인하고 또 확인했다. 시간이 없다는 말을 입에 달고 살았고 각종 영양제란 영양제는 다 챙겨 먹었는데도 자주 피곤해졌다.

게다가 오랜 외국 생활 때문인지 나는 사람들에게 이런저런 점을 지적받았다. 미국에서 문제없었던 행동이 한국에서는 오해를 사는 일이 잦았다. 그래서 함께 일하는 동료는 물론 한국에서 만나는 모든 사람과 이야기할 때 실수할까 봐 항상 긴장했다. 사람들이 내가 하는 일은 다 잘못됐고 내가 하는 말은 다 부적절한 말이라고 이야기하는 것 같았다. 그러다 보니 의도치 않게 다른 사람의 눈치를 자주 봤고 친구는 물론 가족과 대화를 나누는 시간이 줄어들었다. 누구도 나를 있는 그대로 받아들여주지 않는다는 생각에 자존감도 낮아졌다. 죽도록 공부할 때 겪었던 마음의 병을 냉정한 사회를 경험하면서 다시 앓게 된 것이다. 변호사 동기, 직장 선배, 친구들에게 속마음을 털어놓았지만 이런 대답만 돌아올 뿐이었다.

"원래 다 그래. 우리 하는 일이 다 그렇지, 뭐."

"김 변호사, 회사에서는 그러면 안 돼요."

"유진아, 그건 우리나라에서 해서는 안 되는 행동이야."

참고 참다가 결국 나는 폭발해버렸다. 어느 날 저녁, 팀 단체 채팅 방에 그동안 담아뒀던 화를 쏟아낸 것이다. 다음 날, 출근하자마자 팀장님에게 불려가 혼이 났다. 억울하고 서운한 마음에 반성은커녕 '2주 안에 퇴사하겠다'라고 다짐하며 퇴근했다.

새벽의 고요가 가져다준 에너지

─────

틈만 나면 자기 바쁜데 아침에 일어나는 게 왜 이렇게 힘든 걸까? 내 에너지는 어디로 다 휘발되는 걸까? 소비되는 만큼 충전은 되는 걸까? 왜 이렇게 무기력해진 걸까? 업무가 적성에 안 맞는 걸까? 회사가 문제인가? 휴가나 여행이 필요한 걸까? 아무리 생각해도 명쾌한 답이 나오지 않았다.

그러던 어느 날, 새벽 4시쯤 눈이 떠졌다. 평소 같으면 다시 잠을 청했을 테지만 유난히 정신이 말똥말똥했다. 출근할 생각을 하니 몸살이 오는 것 같아 홍삼 제조기에 데워져 있던 차를 따라서 식탁 의자에 앉았다. 정말 오랜만에 느껴보는 새벽의 고요였다. 너무 조용해서 귀에서 윙 하는 소리가 들릴 정도였다.

'모처럼 일찍 일어났으니 책상 정리나 해볼까?' 하고 일어났다가 곧 '에이, 어차피 주말에 또 청소할 텐데' 하고 들었던 걸레를 다시 내려놓았다. 책이나 읽을까 싶어 책장을 훑어봤지만 회사에서도 종일 글을 읽는데 아침부터 또 글을 읽기 싫어 그만뒀다. 운동을 가려고 마음먹었다가 '추워 죽겠는데 무슨 운동?' 하고 포기했다. 아무것도 하기 싫었다. 무기력증일까? 아니면 직장생활이 너무 힘들어 우울증이 도진 걸까? 그날따라 따듯한 차를 마시며 조용히 여유를 즐기고 싶었다.

그렇게 조금 앉아 있자 묘한 안정감이 느껴졌다. 정말 오랜만에 갖는 혼자만의 시간이었다. 자연스럽게 그동안 쌓아뒀던 부정적인 생각과 불안한 감정을 스스로에게 솔직하게 털어놓았다.

곰곰이 생각해보니 내가 평소 새로운 환경에 빨리 적응하지 못하는 나 자신을 탐탁지 않아 했다는 걸 깨달았다. 다른 사람들을 보며 속으로 '나도 저렇게 행동해야 하나?', '저렇게 꾸며야 하나?', '이런 식으로 말을 해야 했나?'라고 생각하며 나와 그들을 계속 비교했다. 그렇게 나 자신을 잃어가고 있었다.

나는 빈 종이에 현재 문제점, 원인, 해결 방안, 결론을 적을 표를 만든 뒤 생각을 하나씩 정리했다. 지난 몇 개월 동안 아무리 열심히 일해도 성취감이 느껴지지 않았고, 친구들을 만나도 즐겁지 않았다. 애매한 인간관계, 필요 없는 서류만 쌓인 책상과 책상만큼 어지러운 마음을 모두 정리하고 싶었다.

아무것도 하지 않고 조용히 머릿속을 정리했던 그 새벽은 지친 나를 위로하는 시간이 돼줬다. 스스로 무슨 생각을 하고 무엇을 원하고 있는지도 잘 몰랐던 나에게 잠시 멈춰서 삶을 가다듬을 기회가 생긴 것이다. 떠오르는 아침 해를 바라보며 이렇게 속으로 외쳤다.

'그래, 오늘도 파이팅이다!'

가벼운 마음으로 출근길에 나섰다. 회사에 도착해서 동료들에게 밝게 인사를 건넸다.

"안녕하세요, 김유진입니다. 어제의 저는 잊어주세요. 오늘부터 다시 태어났습니다. 더 열심히 하겠습니다!"

"하하, 변호사님 갑자기 왜 그러세요? 괜찮으신 거 맞죠?"

예상치 못한 반응이었지만 기분이 좋았다. 나의 부족한 점을 인정하고 앞으로 잘해보겠다는 새벽의 다짐 때문이었을까? 금요일도 아닌데 마음이 가벼웠다.

•

다음 날에도 평소 기상 시간보다 두 시간 더 일찍 일어나서 나만의 시간을 가졌다. 빈 종이에 속마음을 써내려갔다. 무엇이 나를 화나게 하는지, 내가 지켜야 할 나만의 기준은 무엇이고 내가 포기할 수 있는 것과 그럴 수 없는 것은 무엇인지, 내가 원하는 것은 무엇인지 곰곰이 생각해봤다. 그렇게 한 걸음 물러서서 스스로를 관찰하고 점검하며 하루를 시작했다.

정리가 다 끝났다고 판단될 때까지 다음 날에도, 그다음 날에도 새벽 기상을 이어갔다. 처음에는 퇴근하고 아무것도 하고 싶지 않다는 마음 때문에 취침 시간이 빨라져 시작된 일이었지만 점차 긍정의 에너지라는 즉각적인 보상 자체에 길들여져 일찍 일어나는 것을 선호하게 됐다.

평소 일과나 직장 생활에서 크게 바뀐 것은 없었지만 단순히 하루를 조금 빨리 시작했다는 이유만으로 많은 게 달라졌다. 아침에 회사에 지각할까 봐 불안해하며 서두르지 않고 여유롭게 출근을 준비하며 내 상태를 점검할 수 있었다. 새로운 계절이 오면 옷장의 옷을 정리하듯 매일 새롭게 시작하는 기분으로 나를 돌아보고 불필요한 걱정을 정리했다. 그러자 마음이 홀가분해졌다. 아무리 잠을 자도 쌓이지 않던 에너지가 충전이 된 걸까? 이렇게 보니 내 삶도 생각보다 나쁘지 않았다.

퇴사 역시 하지 않았다. 견딜 힘이 생겨서인지, 정말 내가 변해서인지 아니면 마음이 한결 가벼워져서인지 정확한 이유는 모르겠지만 직장 생활에 자신감이 생겼다. 회사 일이 '해야 하는 일'이 아닌 '할 수 있는 일'로 느껴졌다.

예전 같으면 "팀장님, 저 잘하고 있어요? 뭐 잘못하고 있으면 꼭 알려주세요"라고 눈치 보며 물어봤을 텐데 지금은 "이번 소송은 이길 것 같은데요? 저에게 맡겨주세요!"라고 먼저 이야기하곤 한다. 이런 자신감 넘치는 말에 가끔 팀장님은 "그 마인드 좋아요. 그런데 전무님께는 그렇게 말하지 마세요, 너무 크게 기대하실 수 있으니…"하고 불안해한다. 역시 회사는 회사다.

나에게 새벽은 휴식이다
———

매일 새벽 기상을 실천하는 나에게 사람들은 "엄청 바빠 보이네. 그냥 대충 살아요", "좀 쉬세요. 왜 이렇게 열심히 살아요?"라고 한마디를 보태곤 한다. 바쁜 것은 맞다. 열심히 사는 것도 맞다. 하지만 이게 힘들지는 않다.

나는 살면서 무언가를 쉽게 얻은 적이 없다. 앞으로 계속 이야기하겠지만, 늘 남들보다 더 노력하고 참아야 원하는 것을 얻을 수 있었다. 반면 나와 달리 쉬운 방식으로 살아가는 사람들도 존재한다. 자세한 속내까지는 알 수 없지만 적어도 겉으로 보기에 그들은 나보다 수월하게 좋은 기회를 얻는다. 내가 뺑뺑 돌아가서 도달한 목적지에 숨 한 번 헐떡이지 않고 도착한다. 이런 사람들을 만날 때마다 어떻게 일이 그리 잘 풀리는지 궁금하기도 하고 괜히 억울하기도 했다.

하지만 시간이 지나 자연스럽게 나 같은 삶의 장점을 깨달았다. 사람들이 피하는 험난한 길이 나에게는 몇 번이고 지나왔던 길이었다. 그 길을 걷는 동안 넘어져도 매번 다시 일어났다. 그러면서 외롭고 끝이 보이지 않는 어둠 속에서도 즐거움을 찾는 습관을 길렀다. 아무리 큰 걸림돌이 있어도 끈기 있게 밀어붙이는 방법과 숨이 넘어가기 직전까지 멈추지 않고 달리는 방법도 배웠다. 새벽 기상은 이 과정을 가능하게 한 버팀목이었다.

사람들은 내가 무언가를 더 하기 위해 4시 30분에 일어난다고 생각하지만 사실 나에게 새벽은 극한으로 치닫는 시간이 아니라 잠시 충전하는 휴식 시간이다. 즉, 새벽 기상은 그 자체로 열심히 사는 방법이라기보다 계속 열심히 살기 위한 수단이다. 너무 힘들고 지칠 때 고요한 새벽에 따듯한 차를 마시며 좋아하는 음악을 들으면 에너지가 채워진다. 불안하고 우울할 때도 마찬가지로 이른 아침 나만의 시간을 통해 안정감을 찾는다.

이런 새벽 기상의 효과는 나만의 이야기가 아니다. 아침 일찍 일어나는 행동은 정신 건강에 실제로 긍정적인 영향을 미친다. 70만 명의 유전자를 분석한 한 연구에 따르면, 아침형 인간 유전자를 가진 사람들은 그렇지 않은 사람들보다 우울증 위험이 낮고 주관적인 행복감이 높다고 한다. 인간의 생체 리듬은 24시간보다 약간 긴데, 빛을 감지하는 망막 세포가 매일 아침 24시간에 맞춰서 이를 초기화해 일상에 잘 적응하도록 돕기 때문이다.[1]

사람들은 휴식을 취하려면 꼭 늦잠을 자거나 어디론가 멀리 떠나야 한다고 생각한다. 하지만 나는 새벽 기상을 통해 삶을 즐기기 시작한 뒤 일상에서도 사소한 여유를 찾는 법을 알게 됐다. 물론 여행을 가서 재충전의 시간을 가질 수도 있다. 하지만 여행을 가면 어떤 숙소가 저렴한지, 어디를 구경할지, 어떤 식당에 갈지 생각하느라 에너지를 소비하기 때문에 여유롭게 쉰다는 느낌보다는 무언가 해야 한다는 기분이 드는 것도 사실이다.

반면 출근길 버스에서 잠깐 잠을 청하거나 동료들과 점심을 먹고 여유 있게 커피 한잔을 마시면서 잠시 숨을 돌리는 정도의 평범한 일도 마음을 풍성하게 채워줄 수 있다. 퇴근하고 맛있는 저녁을 먹거나 따뜻한 물로 샤워한 뒤 포근한 이불 속에 누워서 오늘 하루를 정리하는 것도 마찬가지다. 나는 주말에 공원 벤치에 앉아 지나가는 사람들을 구경하거나 새롭게 도전해볼 만한 일이 없을지 인터넷으로 이것저것 알아보며 소소한 재미를 느끼곤 한다.

나의 하루는 4시 30분에 시작된다

즉, 몸이 무엇을 하고 있는지가 아니라 머리와 마음이 무엇을 느끼는지가 휴식의 질을 좌우한다. 아침 일찍 일어나 잠깐이라도 진정한 여유를 경험해보면 일상에서도 복잡한 마음을 잠시 내려놓을 빈틈을 쉽게 찾을 수 있을 것이다.

머릿속을 비우고 마음을 고요하게 만드는 것만큼 진정한 휴식은 없다. 그리고 나는 이런 진리를 새벽에 가장 크게 느낀다. 누구에게나 분명 에너지를 효율적으로 충전하는 자신만의 방법이 있을 것이다. 새벽 기상으로 무엇이 진짜 나를 편안하게 만드는지 한 번 생각해보자.

☀ 최고들의 아침 습관

인생은 예측 불가능하다. 살다 보면 생각도 못한 문제들이 일어
난다. 나는 타이탄들의 잠자리 정리법을 벤치마킹하면서 삶의
높은 파도를 헤쳐 나가는 데 도움이 되는 방법 두 가지를 발견
했다. 둘 다 아침에 하는 일이다.

〰️

첫째, 마르쿠스 아우렐리우스Marcus Aurelius의 《명상록》 같은
스토아 철학서를 몇 페이지 읽는다.
둘째, 내가 직접 통제할 수 있는 일들을 찾아서 한다.

〰️

내가 직접 통제할 수 있는 일들의 대표적인 것이 바로 잠자리 정리다. 내 힘으로 제어할 수 있는 일이 적어도 한 가지는 있다는 사실은 삶에 생각보다 큰 위안과 도움을 준다. 일과가 끝났을 때 당신이 마지막으로 하는 일은 '자신이 무언가를 이뤄놓은 곳으로 돌아오는 것'이다. 돌아왔을 때 깔끔하게 정돈된 침대를 보면 마음이 평온해지면서 자존감도 높아진다. 재차 강조하지만 잠자리 정리가 아침에 할 수 있는 일들 중 으뜸이다.

_팀 페리스Tim Ferriss, **자기계발 구루**[2]

chapter 2

내가 4시 30분에
일어나는 이유

새벽은 내가 주도하는 시간

사람들은 나에게 늘 이렇게 묻는다.

"왜 그렇게 일찍 일어나세요?"

그러면 나는 이렇게 답한다.

"새벽에 일어나서 공부해서 직장을 다니면서 원하는 시험에 합격할 수 있었고, 꾸준하게 운동해 다이어트와 건강 관리에 성공했고, 편집을 배워 유튜브도 시작할 수 있었고, 자아 성찰을 통해 자신감과 자존감도 높아졌는데 어떻게 새벽 기상을 포기할 수 있겠어요?"

그러면 다시 이런 질문이 돌아온다.

"왜 하필 오전 4시 30분이에요? 똑같은 일을 오후에 해도 되잖아요."

　나는 새벽을 '내가 주도하는 시간'이라고 말한다. 그 밖의 시간은 '운명에 맡기는 시간'이라 표현한다.

　생각해보면 하루 중 순전히 내 의지로 사용할 수 있는 시간은 그렇게 길지 않다. 아침부터 저녁까지는 나의 계획과 상관없이 예상치 못한 일에 주의력과 시간을 뺏기는 경우가 많다.

　하지만 모두가 잠든 새벽에는 갑자기 일정이 변동될 확률이 드물다. 뜬금없이 연락해서 함께 식사하자거나 추가 업무를 부탁하거나 잠깐 수다를 떨자는 사람도 없다. 주의를 빼앗을 흥미로운 일도 잘 일어나지 않는다. 누구도 나에게 관심이 없고 나 또한 누구에게도 관심이 없다. 따라서 새벽에는 온전히 나만의 시간을 나만의 속도로 자유롭게 활용할 수 있다.

　새벽 기상으로 생긴 여유 시간은 일어나기만 하면, 즉 나와의 약속을 잘 지키기만 하면 언제든 추가로 얻을 수 있는 주체적인 시간이다. 그리고 일찍 일어나면 일어날수록 내가 주도하는 시간은 늘어난다.

나의 하루는 4시 30분에 시작된다

•

4시 30분 기상을 선호하는 또 다른 이유도 있다. 바로 어떤 일에든 집중을 더 잘할 수 있다는 것이다. 앞서 이야기한 것처럼 새벽에는 방해하는 요소도 없을 뿐만 아니라 푹 잠을 자고 일어났기 때문에 모든 일정을 끝마치고 기진맥진한 저녁보다 에너지가 더 많다.

새벽 기상을 실천하지 않았을 때는 나 역시 오후에 나만의 시간을 갖곤 했다. 하지만 퇴근을 할 때쯤이면 이상하게 아무것도 하고 싶지 않았다. 오죽하면 집에 갈 힘이 없어서 퇴근하지 못한 적도 있을 정도다. 전날 밤에 한 번도 깨지 않고 출근하기 직전까지 잠을 잤는데도 일하느라 기력을 전부 소진한 탓에 저녁이 되면 너무 피곤했다. 반면 새벽에는 평소 하고 싶었던 일에 도전하고 싶은 의욕이 샘솟았다.

나아가 하루를 여유롭게 만들어준다는 점도 내가 아침형 라이프스타일을 좋아하는 이유 중 하나다. 당연한 이야기지만 일찍 일어나 할 일을 미리 해두면 저녁에 느긋하게 그날을 마무리할 수 있다. 또한 아침에 일어났는데 몸이 좋지 않아 쉬었거나, 하려고 했던 일이 생각보다 오래 걸렸거나 혹은 갑자기 계획이 변동돼서 할 일을 미처 다 끝내지 못했더라도 저녁에 일과를 마무리할 두 번째 기회가 있다는 생각에 조바심을 가지지 않고 마음의 평정을 유지할 수 있다.

매일 아침 울리는 알람 소리도 놓치는데 아무도 강요하지 않는 이른 새벽에 일어나는 게 정말 가능할지 의문을 품을 것이다. 하지만 한 번만 새벽 기상에 성공해보면 장점을 깨닫고 자진해 일어나게 된다. 매일이 아니라 주 3회만이라도, 4시 30분이 아니라 평소보다 한 시간만이라도 일찍 일어나는 데 성공하면 평소보다 여유로워질 수 있다. 그리고 본격적으로 하루를 시작하기 전까지 짧게라도 나만의 시간을 가져보면 삶의 만족도가 확 달라진다. 시간에 쫓기며 여기저기 끌려 다니지 않고 주도적으로 자신의 삶을 꾸려나갈 수 있기 때문이다.

새벽에는 나를 우선순위에 두자

살이 찌면 식단을 관리하고 운동을 하는 것처럼 아침 일찍 일어나는 것은 업무에 지치거나 삶의 변화가 필요할 때 내가 자주 사용하는 특단의 조치다. 마음이 우울하고 힘들면 나 자신을 돌아보기보다는 나를 서운하게 하는 상황을 탓하는 데 사로잡힐 수 있다. 그로 인해 온종일 잠만 자기도 하고 최대한 해야 할 일을 미루며 현실을 회피하기도 한다. 극단적인 경우 도박 같은 잘못된 유혹에 빠지기도 하고 술, 게임, 타인 같은 외부 요소에 지나치게 의존하게 된다.

인생에서 이렇게 힘든 시기를 반드시 피해야 한다고 생각하는 건 아니다. 이 시기가 삶의 전환점을 만들어줄 수도 있기 때문이다. 고난과 역경 그 자체보다 더 큰 문제는 다시 일어서야 하는 순간이 왔는데도 슬럼프에 발목이 잡혀버린 탓에 일상으로 복귀하기가 어려워질 수 있다는 것이다. 이때 새벽 기상이 해답을 찾아줄 수 있다.

나의 경우 새벽 4시 30분부터 출근길에 나서기 전까지가 일상의 스트레스를 해소하는 치유의 시간이다. 아침 일찍 일어나 생긴 나만의 시간에는 다른 사람의 눈치를 보거나 그들의 처지를 지나치게 배려하지 않아도 된다. 이때 외부의 자극이 아닌 내면의 소리에 집중하면 상처를 극복하고 조금씩 달라지는 자신을 관찰할 수 있을 것이다.

4시 30분에 일어나기로 정한 특별한 이유는 딱히 없다. 10시쯤 잠들었을 때 피로를 느끼지 않을 만큼 푹 자고 평소보다 일찍 일어나기 적당한 시간이라고 판단했을 뿐이다. 4시 30분에 일어나면 서두르지 않고 평소보다 천천히 움직여도 약속에 늦거나 일정이 밀리는 경우가 거의 없다. 느긋하게 눈을 떠 향이 좋은 초를 피우고 조용한 음악을 들으며 커피를 마시고 책상에 앉아도 5시가 채 되지 않는다.

이렇게 아침에 여유가 생기면 평소 신경도 안 쓰던 이부자리를 정리해보고 책장에 앉은 먼지를 닦을 수 있다. 뜨거운 물로 오랫동안 샤워하며 뭉친 근육을 풀거나 바쁠 때는 신경 쓰지 못했던 머릿결을 관리하기 위해 트리트먼트를 사용해볼 수도 있다. 늘상 거르던 아침도 든든하게 챙겨 먹을 수 있다. 그래도 시간이 남는 날에는 점심 도시락까지 준비할 수 있다. 이렇게 아침을 보내다 보면 나에게 주어진 하루와 나 자신을 소중히 대하는 방법을 알게 돼 자연스럽게 자존감이 높아진다.

이런 일들은 모두 나 자신을 우선순위에 두는 태도에서 비롯된다. 단순히 혼자만의 시간을 갖는 것과 나 자신을 우선순위에 두는 것은 다르다. 전자는 나를 안정시키기 위해 여유롭게 보내

나의 하루는 4시 30분에 시작된다

는 시간이라면, 후자는 내 마음이 가는 대로, 내가 하고 싶은 대로, 이기적으로 보일지 몰라도 내가 편한 행동을 하며 나를 찾는 시간이다.

눈을 뜨자마자 허겁지겁 출근할 준비를 하지 말고 좋아하는 일로 하루를 시작해보자. 주말 같은 아침을 보내는 것이다. 나는 새벽에 음악을 듣고 차를 마실 뿐만 아니라 좋아하는 영화나 텔레비전 프로그램을 보기도 한다. 그러다 어떤 목표가 생기면 그 목표를 달성하는 데 시간을 투자한다. 회사 일과 별개로 내가 하고 싶은 일과 계획을 우선순위에 두는 것이다.

만약 삶에 자극이 필요하거나 심란하거나 게을러졌다면 이렇게 자신의 생활 패턴을 점검해보고 평소보다 일찍 일어나 나를 우선순위에 둬보자. 무조건 앞으로 내달리기보다 고요한 새벽에 잠시 멈춰서 따뜻한 차를 마시며 내가 머무는 공간이 잘 정돈됐는지, 건강은 잘 챙기고 있는지 등 나 자신을 둘러보는 것이다. 자, 오늘부터 달라져보자!

나는 저녁에 여덟 시간을 충분히 자고 그 결과로 아침에 알람 없이 일어난다. 나에게 있어 자연스럽게 일어나는 것은 하루를 시작하는 가장 최고의 방법이다.

나는 수면 시간을 신성불가침의 영역으로 여긴다.

먼저, 모든 전자기기를 끄고 그것들을 침실 밖으로 내보낸다.

그리고 초를 켜고 엡솜 솔트를 넣어 목욕을 한다.

잘 때는 일할 때 입는 평상복을 입지 않고

잠옷이나 나이트 드레스, 편한 티셔츠를 입는다.

뇌에게 잠잘 시간이 아니라는 혼란을

줄 수도 있다고 생각하기 때문이다.

캐모마일이나 라벤더 차를 마시기도 한다.

또한 시, 소설같이 일과 전혀 관련 없는

책을 읽는 것을 아주 좋아한다.

나는 아침을 먹는 사람이 아니다. 사람들이 보통 아침 식사로 먹는 음식을 점심이나 저녁에 먹는다. 아침에는 방탄 커피를 마신다. 20~30분 정도 명상을 하고 운동을 한다. 가끔 이 루틴에 실패하더라도 자책하거나 남은 하루에 악영향을 주지 않으려고 노력한다.

_아리아나 허핑턴Arianna Huffington, 〈허핑턴 포스트〉 설립자[3]

chapter 3

당신이
잠든 사이에

다른 사람들은 이미 하루를 시작했다

아침 4시 30분에 눈을 뜨는 것만으로 나의 삶은 달라졌다. 단순히 저녁에 할 수 있는 일을 오전에 빨리 해치우게 됐기 때문만은 아니다. 나는 자면서 꿈을 꾸기보다는 새벽에 일어나 꿈을 이루려고 노력한다.

꿈에 한발 더 다가가는 여러 방법 중 하나는 내가 가고 싶은 길을 이미 걷고 있는 사람들과 직접 소통해보는 것이다. 이를 통해 목표를 이루는 데 필요한 실질적인 조언뿐만 아니라 저 사람들처럼 되기 위해 꾸준히 노력해야겠다는 좋은 정서적 자극을 얻을 수 있다. 단, 그 사람들은 대부분 나를 모르기 때문에 먼저 연락을 해야만 한다.

그래서 나는 평소 만나보고 싶은 유명인이나 존경하는 사람들에게 무작정 연락을 한다. 특히 로스쿨 재학 시절, 일주일에 이틀 정도 새벽에 특별히 할 일이 없으면 평소 이야기를 나눠보고 싶었던 사람들에게 이메일을 보냈다. 그 대상은 주로 존경하는 법조인, 나중에 한국에 가면 만나보고 싶은 변호사님들이었다. 공개된 이메일 주소를 따로 찾을 수 없을 때는 직장으로 직접 편지를 보내기도 했다.

처음에는 이런 행동이 실례가 되지 않을까, 내가 그들에 비해 너무 초라해 보이지 않을까 걱정했다. 하지만 나는 학생이니 모르는 게 많은 것이 당연하고 바쁜 사람들은 알아서 연락을 무시할 테니 지나친 염려였다. 이 점을 깨닫고 나서는 아무리 상대가 유명해도, 회신을 받지 못하더라도 크게 개의치 않았다. 오히려 학생이라는 신분을 이용해 바보 같아 보일지 모르지만 평소 물어보고 싶었던 것들을 마음껏 질문했다. 아무 의미 없는 일일 수도 있지만 '사람 일은 모르는 거니까' 하며 언제 어떻게 싹이 틀지 모르는 씨앗을 조금씩 심었다.

놀랍게도 이메일에 답장을 받을 때도 있었다. 심지어 흔쾌히 커피 챗coffee chat (커피를 마시며 대화하는 시간)을 수락하거나 멘토가 돼준 것은 물론 지인을 소개해주는 사람들까지 있었다. 그런데 이들을 실제로 만나 이야기를 나눠보니 의외의 사실을 알게됐다. 나는 이런 유명한 사람들은 평소 학생들에게 도움을 요청하는 이메일을 많이 받을 거라고 생각했는데 그렇지 않다는 것이었다.

때로는 상상 이상의 기회를 얻기도 했다. 평소 만나보고 싶었던 한 변호사님에게 잠깐 시간을 내줄 수 있는지 이메일을 보냈더니 뜻밖의 회신이 왔다.

"내일 아침 6시 30분까지 다운타운 레스토랑으로 올 수 있으신가요?"

6시 30분이라니, 내가 이메일을 잘못 이해한 줄 알고 이렇게 되물었다.

"혹시 오후 6시 30분을 말씀하시는 건가요?"

"아니요, 오전 6시 30분입니다."

다음 날, 아침 6시 25분에 약속 장소에 도착했다. 그런데 이게 웬일인가? 이른 시간임에도 불구하고 그 자리에는 내가 연락을 주고받았던 변호사님뿐만 아니라 관할 판사님, 검사님 그리고 다른 로펌 변호사님들까지 함께 있었다. 순간 장소를 착각했나 싶었지만 잘못된 것은 없었다.

알고 보니 그날은 여성 법조인들이 주기적으로 모임을 갖는 날이었다. 출근하고 나서는 다들 너무 바빠 시간을 내기가 힘들다 보니 아침 시간을 활용해 만나온 것이었다. 언론으로만 접했던 사람들과 아침 식사라니, 겉으로는 아무렇지 않은 척했지만 속으로는 모든 것이 긴장되고 설렜다.

지금도 어떻게 이런 행운이 일어날 수 있었는지 모른다. 그저 새벽에 일찍 일어나 평소 시험에 합격하면 함께 일해보고 싶었던 로펌 대표 변호사님에게 이메일을 보낸 것이 전부였다. 그리고 아침 6시 30분까지 약속 장소에 나올 수 있다는 이유만으로 평소 동경해온 사람들과 이야기를 나누는 행운을 누렸다. 모임 구성원 중 한 사람이 나에게 말했다.

"아침에 일어나기 힘들지 않으면 자주 와요. 이 모임 말고 다른 모임도 많아요. 그 모임은 오전 7시에 시작해요."

"네, 앞으로 언제든지 올 수 있어요!"

나는 자신 있게 대답했다. 당시 오전 8시 혹은 9시부터 수업을 들었기 때문에 6시 30분에 모임에 참여하는 데 전혀 무리가 없었다. 그렇게 일주일에 한두 번, 이 모임에서 평소 우상으로 여긴

법조인들의 삶은 어떤지 직접 듣고 배울 수 있었다. 책으로는 절대 알 수 없는 현실적인 가르침이었다.

로스쿨 졸업 후에는 법원에서 일하면서 모임 구성원들과 더 가깝게 지낼 수 있었다. 더 이상 학생이 아닌 사회인, 법조인으로서 출근 전 함께 모여 커피를 마시고 아침도 먹으며 많은 공감대를 형성했다. 일하느라 바빠 정신이 없을 때도 꾸준히 좋은 관계를 이어나갔고 지금도 서로에게 조언과 도움을 주고받는 선후배 사이로 지내고 있다.

이처럼 새벽에는 생각보다 많은 일이 일어난다. 내가 세상모르고 잠들어 있을 동안 어떤 사람은 내가 원하는 목표를 이루기 위해 치열하게 공부하고, 어떤 사람은 내가 원하는 위치에 이미 도달한 채 또 다른 목표를 향해 달려가고 있다. 이들에게 새벽은 수면 시간이 아닌 활동 시간이다.

피곤하다고 계속 침대에 누워 있으면 달라질 수도, 멀리 갈 수도 없다. 반면 무거운 몸을 일으켜 새로운 일에 도전한다면 상상 이상의 기회가 찾아올 것이다. 이때 실패할까 봐 두려워할 필요는 없다. 새벽에 일어났다는 사실 자체만으로도 다른 사람들보다 한 걸음 더 앞서 있는 것이기 때문이다.

누구에게나 주어지는 하루를 어떻게 쓸지는 나의 선택에 달려 있다. 그리고 그 결정에 따라 삶이 바뀐다.

새벽, 새로운 문이 열리는 시간

나는 한국에서 취업하기 전까지 항상 일과 공부를 병행해왔다. 단 한 번도 공부만 한 적은 없었다. 대학교를 다닐 때는 캠퍼스에서 아르바이트를 했고, 로스쿨을 다닐 때는 파트타임으로 로펌에서 근무를 했다. 로스쿨을 졸업하고 변호사 자격시험을 공부할 때도 법원에서 일했다. 물론 쉽지는 않았지만 이 모든 일을 잘해낼 수 있었던 비결은 새벽 시간을 적극 활용하는 것이었다.

혹시 지금 하는 일 혹은 자신의 전공과 전혀 무관한 일을 하고 싶었던 적이 있는가? 취미를 넘어 진지하게 시작해보고 싶은 일은 없는가? 지금 하고 있는 일을 포기하기에는 겁이 나고 적당한 때를 기다리자니 좋은 기회를 놓칠까 봐 걱정되는 경우가 분명 있을 것이다. 이렇게 꿈과 목표에 과감히 도전하고 싶지만 가족이나 직장 등의 현실을 외면할 수 없다면 새벽 기상을 실천해 보는 것을 적극 추천한다.

새벽 기상으로 확보한 시간은 인생의 보너스 타임이다. 회사의 업무나 학교의 과제처럼 이 시간에 내가 반드시 해야 할 일은 없다. 따라서 이때는 어떤 일을 해도 잃는 것이 없다. 즉, 새벽은 내가 억지로 해야 하는 일이 아닌 하고 싶었지만 불가능하다고 생각했던 일을 그냥 질러보는 시간이다.

평소 같으면 상상만 하고 말았을 일들, 정말 시간이 남는 게 아니면 굳이 하지 않았을 행동을 새벽에 저질러보자. 날이 밝아옴과 동시에 다가오는 기회가 보일 것이다. 그 행운을 그냥 잡기만 하면 된다.

　·

나 역시 새벽에 다양한 일에 도전했다. 짐작한 대로 잘되지 않을 때도 있었지만 기적 같은 결과를 달성한 적도 많다.

로스쿨에 다닐 때 여름방학에 경력을 쌓는 서머 포지션Summer Position으로 심하게 마음고생을 했던 적이 있었다. 간절히 일해보고 싶은 로펌이 몇 곳 있었는데, 그곳은 나의 성적과 지원서로는 엄두도 못 낼 만큼 경쟁이 심했다. 학교에서 학생들의 취업을 도와주는 커리어 어드바이저career advisor도 내가 그 로펌에 지원하는 것은 시간 낭비라며 합격 가능성이 있는 다른 회사의 리스트를 뽑아줬다.

아무데서도 경력을 쌓지 못할까 봐 겁이 났던 나는 결국 커리어 어드바이저의 조언대로 이력서와 자기소개서를 작성해 제출했다. 하지만 그중 진심으로 가고 싶은 로펌은 단 한 곳도 없었다. 물론 그곳에서도 배우는 건 많았겠지만 나는 당시 지원한 회사는 다루지 않는 소송 분야에 관심이 많았다.

지원서를 제출하고 나서도 '로스쿨 2학년생이 소송 전문 로펌에서 일하기는 쉽지 않다'는 커리어 어드바이저의 말이 귓가에 계속 맴돌았다. 성적이 우수하고 소송 분야에 경력이 있는 학생에게만 기회가 주어진다는 것이었다. 커리어 어드바이저는 "지금 이 상태로는 지원해도 서류 심사에서 떨어질 가능성이 높아"라고 나를 설득했다.

결국 나는 내가 꿈꿔온 기회를 직접 만들기로 다짐했다. 오전 오후에는 수업 가랴, 숙제 하랴, 면접 보랴 정신이 없으니 일상에 지장을 주지 않는 선에서 따로 도전의 시간을 만들기로 한 것이다. 그렇게 2주 정도 새벽마다 미국 전역의 내가 함께 일해보고 싶은 로펌과 변호사님에게 이메일로 직접 지원서를 제출하기 시작했다. 밑져야 본전이었다. 물론 해당 분야에 맞게 이력서와 자기 소개서를 수정해야 하는 번거로움은 있었다. 그래도 이 정도 투자는 가치 있어 보였다. 실력이 부족한데 지원한다는 사실이 내심 창피해 새벽에 몰래 지원한 것일 수도 있었다. 그래도 자투리 시간에 하는 일이니 떨어져도 괜찮다고 생각했다.

그리고 일주일 뒤, 놀라운 일이 일어났다. 무려 두 곳에서 이메일이 온 것이다. 하나는 서류 심사에 합격했으니 면접이 가능한 시간을 회신해달라는 내용이었고 다른 하나는 담당 변호사님이 직접 보낸 이메일이었다. 내가 지원한 로펌을 나가서 새로운 사무실을 차릴 계획인데 그곳에서 함께 일할 생각 없느냐는 내용이었다. 참 신기했다. 가만히 있었으면 절대 오지 않았을 기회였다. 불가능하다는 것을 알면서도 잃을 게 없다는 생각으로 가볍게 도전해봤더니 새로운 문이 열린 것이다.

결론을 이야기하자면 두 곳 모두 면접을 봤고 따로 연락해준 변호사님과 일할 영광을 얻었다. 그렇게 나는 최고의 스승을 만났다. 그곳에서 좋은 경력도 쌓을 수 있었다. 민사 소송부터 각종 형사 사건까지, 고객 미팅은 물론 서면 작성, 증거 조사, 법원 참석 등 안 해본 일이 없을 만큼 모든 과정을 일대일로 배워나갔다. 로스쿨 학생이 서머 포지션에서 이런 실무를 직접 경험하는 경우는 굉장히 드물었기에 더욱 열심히 배웠다. 그 덕분인지 방학이 끝나고 나서도 계속 변호사님과 일할 수 있었고 이 경험을 바탕으로 로스쿨을 졸업하고 나서 연방 법원에서 또 다른 경력을 쌓을 수 있었다.

그때 함께 일했던 변호사님은 미국 대통령의 지명으로 미국 조지아주 연방 검사장이 됐다. 이렇게 대단한 분과 함께 일했다는 것이 얼마나 영광스러운지 지금도 큰 자부심을 가지고 있다. 다들 불가능하다고 한 일이었다. 나조차 어느 정도는 내심 그렇게 생각할 정도였다. 하지만 '어차피 자투리 시간에 하는 일이다'라는 생각으로 무작정 시도해보니 기대 이상의 결과를 얻었다. 어차피 안 된다는, 바쁘다는 이유로 포기했다면 지금과는 다른 삶을 살고 있을지도 모른다.

요즘도 나는 새벽에 도전의 시간을 갖는다. 물론 아침 일찍 일어나 생소한 무언가에 도전하는 게 피곤하고 힘들 것이다. 목적지가 보이지 않을 때도 많을 것이다. 나 역시 매번 성공적인 결과를 얻는 것은 아니다. 하지만 보너스 타임에 실패한다고 해서 본 게임에 실패하는 것은 아니다. 얼마나 남았는지 생각하지 않고 한 발 두 발 묵묵히 걸어가다 문득 뒤를 돌아보면 자신도 모르는 사이에 멀리 왔다는 사실을 알아챌 것이다. 그리고 이 사실을 깨달은 순간 더욱 앞으로 질주할 힘을 얻을 것이다. 이것이 바로 새벽 기상의 진정한 마법이다.

최고들의 아침 습관

나는 일찍 자고 일찍 일어난다. 특히 아침에 빈둥거리기를 즐긴다. 신문을 읽거나 커피를 마시거나 아이들이 등교하기 전에 함께 아침 식사를 하는 것을 좋아한다. 이런 여유로운 시간이 나에게는 아주 중요하다.

나는 첫 미팅을 오전 10시 이전에 잡는데,
특히 머리를 많이 써야 하는 회의는 점심 이전에 진행한다.
늦은 오후에는 결정을 최대한 피한다.
오후 5시가 됐는데, '이건 오늘 못할 것 같다'는 생각이 들면
내일 아침 10시에 다시 시도한다.

나는 하루에 여덟 시간을 자야 하는 사람이다. 그래야 모든 일에 판단을 더 잘하고, 에너지를 얻을 수 있으며, 기분도 좋아진다. 생각해보자. 상급자가 되면 소수의 중요한 결정을 내리게 된다. 매일 수천 개의 결정을 내리는 것이 아니다. 그리고 피곤하거나 짜증이 나면 판단의 질이 낮아질 수밖에 없다.

_제프 베조스Jeff Bezos, 아마존Amazon CEO [4]

chapter 4

빨리 가려고 하지 말고
일찍 시작하라

계획대로 되지 않는 인생

한때는 항상 앞서가야 성공하는 줄 알았다. 꿈을 이루는 데는 다 적절한 때가 있고, 그 시기를 놓치면 목표를 달성하기 어려워진다고 믿었다. 그래서 무엇이든 미리, 빨리 가려고 노력하는 삶을 살았다.

나는 어렸을 때 이민을 갔다가 고등학생 시절 개인적인 사정으로 한국에 다시 돌아왔다. 우리나라와 외국의 교육 시스템이 다른 탓에 중학교 3학년 과정을 다시 들어야 했다. 그 사실이 탐탁지 않았던 나는 검정고시를 봤다. 또래 친구들보다 1년이나 뒤처지는 걸 용납할 수 없었기 때문이다.

2004년, 검정고시를 보고 대학교에 입학할 당시의 나이는 만

열여덟 살이었다. 다른 사람들보다 1년 정도 이른 나이였다. 그마저도 뭐가 그리 급했는지 4년제 과정을 3년 만에 끝내고 2007년에 졸업했다. 대학교를 빨리 졸업하고 LSAT(로스쿨 입학시험)을 본 뒤 로스쿨 3년 과정을 졸업하면 스물다섯 살에는 변호사가 될 수 있을 거라고 인생 계획을 세웠다.

그리고 그 꿈을 이루기 위해 철저히 준비했다. 목표도 뚜렷했고 무엇을 어떻게 해야 하는지도 확실히 알고 있었다. '몇 살에는 이걸 해야 한다'고 세상이 생각하는 기준보다 더 앞서가고 싶었고 실제로 더 빠르게 움직였다. 말 그대로 남들보다 빠른 삶을 살고 있었다.

하지만 이상하게도 계획은 내 뜻대로 되지 않았다. 그렇게 열심히 했는데 원하는 LSAT 점수가 원하는 대로 나오지 않았다. 이 때문에 사회생활을 일찍 시작했지만 생각처럼 돈이 모이지 않았다. 왜 내가 하는 일은 다 실패하는 걸까? 아무리 노력해도 계획대로 굴러가지 않는 상황을 이해할 수 없어 늘 불만이 가득했던 그 시절이 아직도 생생하다.

모두를 앞지르면 당연히 성공할 줄 알았는데, 확고한 목표를 세우고 철저하게 세운 계획을 따르면 될 줄 알았는데 도대체 무엇이 문제였을까? 나는 변호사가 될 때까지 예상하지 못한 많은 문턱을 넘어야 했다. 또한 수없이 많은 걸림돌 때문에 넘어지고 일어나고 또 넘어지고를 반복해야 했다. 스스로 생각했던 것보다 더 긴 시간과 더 많은 관문을 거쳐야 했던 것이다.

하루를 조금 일찍 시작하는 것으로 충분하다

내가 원래 세운 계획과는 달리 실제로 로스쿨에 입학한 시기는 여러 사회생활과 우여곡절을 거친 20대 후반이었다. 그것도 LSAT에서 만족스럽지 못한 점수를 몇 번 받다 더 이상의 시간을 지체하지 않기 위해 대충 나의 점수에 맞는 로스쿨에 입학한 것이다. 진정 원하는 프로그램을 공부하기 위해서는 명문 로스쿨에 가야 했지만 지금보다 인생 계획이 더 늦어질까 봐 두려웠다.

지금 로스쿨을 가면 졸업 후 곧바로 변호사 시험에 합격해서 취직을 해도 30대가 넘어버릴 터였다. 꿈을 이룰 기회를 놓쳤다고 확신했다. 많은 사람들이 나에게 "30대에 변호사가 되면 늦을 텐데… 결혼도 해야지?" 혹은 "그냥 바로 취직해서 회사에 입사해라"라고 이야기했다.

하지만 걱정은 기우였다. 직접 로스쿨에 가보니 20대에서 70대까지 다양한 연령대의 학생들이 있었다. 다 각자의 삶을 살다 자기만의 시기에 맞춰 로스쿨에 온 사람들이었다. 그제서야 내가 너무 늦지 않았다는 것을 깨달았다.

그때부터 나는 남들보다 앞서 가려고 초조해하는 태도를 내려놓았다. 대신 내가 지금 할 수 있는 일을 빨리 시작해보기로 했다. 로스쿨에 입학하는 것은 조금 늦었어도 이른 시간에 하루를 시작하는 것에는 자신 있었다. 그렇게 항상 새벽을 활용해 부족한 공부나 과제를 끝내다 보니 우수한 성적으로 1학년을 끝마칠 수 있었다.

이 성적으로 나는 그토록 원했던 명문 로스쿨에 편입을 성공했다. 그리고 꿈에 그리던 학교에서 원하는 프로그램을 들으며 변호사가 될 준비를 무사히 마칠 수 있었다. 뒤에서 자세히 이야기하겠지만, 변호사 자격시험에 한 번 떨어지고 다시 도전할 때도 새벽 기상이 큰 도움이 됐다.

결국 남들보다 빠른 삶을 산다고 꿈도 더 빨리 이룰 수 있는 것이 아니었다. 그보다는 내가 지금 당장 할 수 있는 일, 나에게 주어진 하루를 일찍 시작하는 게 목표를 이루는 진정한 방법이 었다.

꿈을 이루는 데 이르거나 늦은 때는 없다. 모두에게 동일하게, 같은 시기에 목표를 달성할 타이밍이 주어지지 않기 때문이다. 누군가에게는 다음 주에 문이 열리는가 하면 누군가에게는 몇 년 뒤에야 문이 열린다.

살다 보면 때로 계획이 바뀌어 방향을 틀어야 할 순간이 온다. 그래도 당황할 필요는 없다. 새로운 인생이 그때부터 시작되는 것 이니까.

☀ 최고들의 아침 습관

매일 아침 5시 45분에 일어나서 곧바로 업무 이메일을 확인한
다. 그리고 세 아들을 깨우러 간다. 나의 아침은 아이들이 등교
하기까지 꽤 정신없기에 간단한 루틴으로 구성돼 있다.

❧

아침에는 45분 정도 운동을 빼먹지 않는다.

운동이 끝난 후에는 운동복을 그냥 벗어 던진다.

그러면 그날 머릿속이 상쾌하고 하루 내내 활력이 넘친다.

또한 물도 많이 마시는데, 특히 신선한 코코넛 워터를 좋아한다.

그리고 선크림을 바른다. 화장은 최대한 간단하게 하려고 한다.

저녁 약속이 없는 날에는 머리도 말리지 않고 집을 나선다.

❧

워크 라이프 밸런스를 유지하는 건 어려운 일이다. 나는 여기에 한 가지 방법만 있다고 생각하지 않는다. 사람들마다 중요하게 생각하는 가치가 있으며 그에 따른 해결책도 각각 다르다. 나의 경우 이를 위해 명확한 우선순위를 정했다. 바로 세 아들이다.

_토리 버치Tory Burch, 패션 디자이너[5]

PART
2

4시 30분,
새로운 나를 만났다

chapter 5

4시 30분에
기상하는 방법

5, 4, 3, 2, 1, 일어나자!

―――――

새벽 4시 30분이다. 알람이 울린다. 나에게는 두 가지 선택권이 있다. 지금 일어나서 씻고 따듯한 차를 마시면서 어젯밤 나와 약속한 하루를 시작하든지, 아니면 알람 소리를 무시하고 그냥 푹 자고 일어나서 예전과 다를 바 없는 나날로 돌아가든지. 지금 이 순간 어떤 결정을 내리는지에 따라 앞으로의 삶은 달라질 것이다.

사람들은 침대에 누운 채로 자기 자신과 너무 많은 대화를 한다. "지금 일어난다고 뭐가 달라지겠어?", "5분만 더 자고 일어나야지", "아침에 할 일은 이따 퇴근하고 저녁에 해야겠다" 등등. 이런저런 핑계를 대며 자기 합리화를 하다가 다시 잠에 들어버

071

린다.

하지만 나는 다르다. 이런저런 생각을 할 여유도 없다. 5, 4, 3, 2, 1, 땡. 4시 30분에 알람 소리를 듣는 순간부터 5초 카운트다운을 시작한다. 그 5초 안에 알람을 끄고 눈을 비벼서라도 일어나는 게 나만의 규칙이다.

아침 일찍 일어나는 데는 생각보다 특별한 비법이 없다. 그냥 아무 생각도 하지 않고 눈을 떠서 몸을 일으키는 것이 가장 효과적인 방법이다. 그렇게 해도 생각보다 힘들지 않다. 실제로 수면 전문가 닐 로빈슨Neil Robinson에 따르면 피곤하다고 해서 알람을 끄고 다시 잤다 깨면 수면 사이클이 시작됐다가 갑자기 중단돼 온종일 피로를 느낄 수 있다고 한다.[6]

•

너무 피곤해 일어나기가 힘들 때는 나중에 쉴 수 있다고 나를 다독인다. '잠은 출근하면서 버스 안에서 잘 수 있다', '지금 일어나서 밀린 일을 처리하고 주말에 푹 쉬면 된다', '아침에 운동하면 저녁에 친구를 만날 수 있다' 등을 생각하는 것이다. 그렇게 5초만 견디면 된다. 5, 4, 3, 2, 1, 일어나자!

이렇게 짧지만 힘든 싸움에서 승리하면 곧장 화장실로 향한다. 양치질과 세수를 하고 얼굴에 스킨 로션을 바른다. 부엌으로 가서 따뜻한 차를 준비하고 방으로 돌아와 지금 기분에 어울리는 음악을 튼다. 이 모든 과정은 잠을 깨는 방법이자 나 자신에게 오늘 하루가 시작됐음을 알리는 의식이다.

알람이 울렸을 때부터 책상 앞에 앉을 때까지 매일 아침의 루틴은 자동으로 이루어진다. 가끔은 내가 이 행동을 했는지 기억이 나지 않을 때도 있다. 그만큼 무의식적으로 몸에 배어버렸기 때문이다.

새벽 기상을 즐기는 자와 포기하는 자의 차이점

4시 30분에 일어나는 일상을 공유하다 보면 새벽 기상에 실패했다고 하소연하는 사람들을 간혹 만난다. 알람을 꼼꼼하게 설정하고 전날 밤 일찍 잠자리에 들었는데도 왜 이렇게 일어나는 게 힘든 걸까? 몇 번의 시도 끝에 새벽 기상에 성공했다고 해도 오후만 되면 너무 졸려서 3일 정도 참아보다 더 이상 못하겠다고 포기해버리는 경우도 많다.

물론 처음부터 새벽 기상이 딱히 어렵지 않을 뿐만 아니라 졸린 느낌 없이 상쾌한 하루를 보내는 사람들도 있다. 아침형 인간과 저녁형 인간을 결정짓는 유전자가 있다는 이야기도 있지만, 내가 생각하기에 새벽 기상에 성공하는 사람과 실패하는 사람의 가장 큰 차이는 '무엇을 보상으로 해석하는가'다.

새벽 기상을 수월하게 성공하는 사람들은 아침에 일찍 일어나 생긴 여유 시간에 꿈을 이룰 수 있다는 것 또는 추가 자유 시간을 확보했다는 것을 큰 보상으로 여긴다. 이를 통해 매일 조금씩 변화하는 자기 자신을 발견하면서 성취감을 느끼고 지금보다 발전한 미래를 상상하며 새벽 기상을 계속하고 싶다는 열정과 의욕을 키운다.

반면 새벽 기상에 어려움을 느끼는 사람들은 딱히 아침에 일찍 일어나는 것의 장점을 느끼지 못한다. 그 시간에 푹 자는 것이 일어나 무언가를 시도하는 것보다 더 큰 보상이라고 생각한다(이런 행동에 문제가 있다는 이야기는 아니다).

매일 새벽 기상을 실천하는 나 역시 알람이 울리는 그 짧은 시간 동안 일찍 일어나서 하루를 시작하는 것과 달콤한 잠을 더 자는 것 중 무엇이 나을지 고민한다. 그럴 때 지금 기상하지 않으면 잃을 것, 기상하면 얻을 결과와 일어나기 힘든 이 순간을 어떻게 보상받을지를 생각한다. 예를 들어 '지금 일어나서 원고를 쓰지 않으면 퇴근하고 쉴 시간이 없다', '지금 일어나서 운동해야 저녁에 실컷 치킨을 먹을 수 있다' 그리고 '잠은 출근길 버스에서 충분히 잘 수 있다'라고 생각하는 것이다.

또 항상 그날 저녁, 일찍 기상함으로써 달성할 수 있었던 목표를 확인한다. 새벽 기상에 익숙해지고 나서는 아침에 일어나 책상에 앉을 때 생긴 시간 그 자체가 즉시적인 보상으로 느껴진다.

나만의 시차에 적응하라

사람들이 나에게 많이 하는 질문 중 하나는 '진짜로 새벽에 일어나느냐'다. 아침에 울리는 알람 소리도 못 들을 때가 많은데 어떻게 4시 30분에 일어나느냐는 것이다.

새벽 기상에 대한 오해가 있다. 너무 일찍 일어나면 온종일 피곤하다는 생각이다. 하지만 곰곰이 따져보자. 우리를 피곤하게 만드는 것은 기상 시간이 아니다. 전날 늦게 잤기 때문에 또는 에너지를 과도하게 소모했기 때문에 잠이 부족해서 피로를 느끼는 것이다.

새벽 기상을 습관으로 만들면 아침에 자동으로 눈이 떠질 것이라는 착각은 버려야 한다. 기상은 언제 일어나느냐와 무관하게 누구에게나 힘들다. 알람이 울리는 순간 몰려오는 피로는 전혀 이상한 것이 아니다. 다만 나만의 시차로 규칙적인 생활을 유지하면 새벽 기상이 조금 더 편해질 수 있다.

이렇게 하루를 수월하게 시작하는 나만의 시차를 만들기 위해서는 저녁을 돌아봐야 한다. 나는 특별한 약속이 없으면 보통 오후 10시 전에 잠든다. 기상 시간과 취침 시간이 일정하다 보니, 전날 아무리 바빴어도 새벽에 일어나게 되고 저녁에는 아무리 깨어 있으려고 노력해도 잠을 이기지 못한다.

또한 앞서 소개했듯이 새벽 4시 30분에 일어나는 것뿐만 아니라 알람이 울리고 5초 안에 일어나서 씻고 따뜻한 차를 마시는 일까지, 하루를 시작하는 것과 관련된 모든 사소한 행동을 일과로 구성했다. 이렇게 내 몸이 기억하고 있는 리듬이 바로 나만의 시차다.

지금은 나만의 시차에 완전히 적응해서 어쩌다 일찍 일어나는 사람이 아닌 가끔 늦잠 자는 사람이 됐다. 단순히 하루 이틀 일찍 자고 일찍 일어나는 것만으로는 루틴을 만들 수 없다. 매일 비슷한 시간에 하루를 마무리하고 또 시작할 수 있도록 노력해야 한다. 이것이 규칙적인 생활의 기본이다. 이 기본에 익숙해지면 일상이 된다.

☀ 최고들의 아침 습관

나는 다방면에서 지속적인 루틴을 세우려고 하는데, 하루 일과
도 마찬가지다.

❧

아침 5시에 일어나서 명상을 한다. 그러고 나서 운동을 한다.

아침 7시 30분이 될 때까지 핸드폰을 확인하지 않는다.

이후 밀린 일을 확인하고 걸어서 출근한다.

5마일 정도를 출근하는 동안 팟캐스트나 오디오북을 듣는다.

즉, 하루의 첫 세 시간을 나 자신을 위해 투자하는 셈이다.

아침에 나는 마음을 차분하게 정돈한다.

건강을 관리하기 위해 몸을 움직이고 무언가를 배운다.

❧

그러면 이미 큰 승리를 거둔 채 하루를 시작했기 때문에 그날 무슨 일이 일어나든, 하루가 얼마나 나빴든 항상 성취감을 느낄 수 있다.

_잭 도시 Jack Dorsey, 트위터 Twitter CEO [7]

chapter 6

피곤한 것은 아침이 아니라
당신이다

새벽 기상의 핵심은 취침 시간

취침 시간에 대한 이야기를 계속해보자. 사람들은 나에게 4시 30분에 일어나면 잠이 부족할 텐데 건강은 괜찮은지 묻는다. 그때마다 배가 터질 것 같은데 밥 한 공기 더 먹으라는 말을 들은 기분이다. 나를 걱정하는 사람들은 내가 몇 시에 일어나는지에만 관심이 있을 뿐 언제 자는지를 묻지 않는다. 하지만 새벽 기상의 핵심은 '몇 시에 자느냐'에 있다.

우리나라에는 밤늦게까지 영업하는 가게가 많지만 아침 일찍 문을 여는 가게는 적다. 반면 외국에는 오전 5시부터 영업을 시작하는 카페나 레스토랑, 빵집이 많을 뿐만 아니라 새벽부터 조깅하는 사람들도 흔히 찾아볼 수 있다. 그렇다면 이 사람들이 다 수면 부족에 시달릴까? 아니다.

사실 건강에 더 큰 영향을 미치는 요소는 기상 시간이 아닌 총 수면 시간이다. 미국 국립 수면 재단의 연구에 따르면 성인의 적정 수면 시간은 최소 일곱 시간이라고 한다. 반면 2019년 OECD 통계에 의하면 한국인의 평균 수면 시간은 여섯 시간 이십사 분으로 가입국 중 가장 낮은 수치로 밝혀졌다. 우리는 다른 나라 사람들보다 훨씬 적게 자고 있는 것이다.

늦잠을 자는 것도 문제지만 잘 시간이 아까워서 무리하게 수면 시간을 줄이는 것 역시 좋지 않다. 물론 하루 정도 잠을 적게 잤다고 곧바로 큰 문제가 생기는 것은 아니다. 하지만 그런 날이 계속돼 수면 부채가 쌓이면 일상생활은 물론 소화 불량, 면역력 저하 등 건강에도 악영향을 끼친다. 평소 잠이 없다고 자신하는 나조차 마찬가지다.

•

그렇다면 새벽 기상에 익숙해지려면 구체적으로 얼마나 자는 것이 좋을까? 나는 하루에 일곱 시간 정도 충분히 자려고 노력한다. 다시 한 번 강조하지만, 아침형 라이프스타일을 가지기 위해서는 전날 밤부터 준비해야 한다. 새벽 기상은 잠을 줄이는 것이 아니라 수면 사이클 전체를 앞당기는 것이기 때문이다.

일찍 일어나는 사람들은 대체로 일찍 자는 습관을 지니고 있다. 나 또한 이르면 9시 30분, 늦으면 10시 30분에는 하루를 마무리한다. 유난히 피곤한 날에는 더 일찍 자기도 하고 일이 늦게 끝나는 날에는 11시 이후에 잘 때도 있다. 이럴 때는 다음 날 조금 더 늦게 일어나거나 주말에 평소보다 길게 자기도 한다. 시험 공부를 할 때는 피곤하면 짧게 낮잠을 자기도 했고, 잦은 해외 출장으로 시차에 적응하지 못하는 경우에도 잠이 부족하지 않도록 노력한다. 상황과 컨디션에 따라 기상과 취침 시간을 조절해 충분한 수면 시간을 확보하는 것이다.

간혹 아침에 일찍 일어났더니 점심에 잠이 와서 '나는 새벽 기상과 잘 맞지 않는 사람인가 봐' 하고 걱정하는 경우가 있다. 몸이 새벽 기상에 완전히 적응하기 전까지는 점심 식사 후 졸음이 쏟아질 수 있다. 자연스러운 현상이다. 그럴 때는 억지로 참지 말고 밤잠을 설치지 않을 정도로 짧게 낮잠을 자는 걸 추천한다. 나 역시 해외 출장을 가면 밤에 잠을 못 자 다음 날 점심에 졸린 경우가 있는데, 이때 오후 3시 전에 짧게 20분 정도 낮잠을 잔다.

컨디션이 훨씬 좋아지고 시차에 빠르게 적응할 수 있기 때문이다. 이렇게 틈틈이 낮잠을 자면 어느 순간 낮에도 피곤하지 않고 아침형 라이프스타일에 완전히 적응하는 순간이 온다.

단지 일찍 일어나고 싶다는 이유만으로 잠을 줄이는 행위는 삼가는 게 좋다. 무리하게 수면 시간을 줄이면 몸이 금방 지쳐 버리기 때문에 새벽 기상을 지속하는 데 오히려 방해가 된다. 몸과 마음이 피로를 느끼지 않을 정도로 충분한 수면 패턴을 유지해야 한다.

충분한 수면 시간을 확보할 수 없다면

───────

직장인이라면 회식, 야근 등으로 바빠 어쩔 수 없이 일찍 자기 힘든 날도 분명 있을 것이다. 이렇게 늦게 잔 날에는 무리해서 평소와 똑같이 새벽에 일어나려고 하지 말고 다음 날 조금 더 자면 된다. 앞서 이야기했듯이 새벽 기상을 꾸준히 하려면 너무 무리하지 않는 게 중요하다.

하지만 전날 늦게 잠들어서 원래 일어나기로 마음먹은 시간보다 늦잠을 자는 날이 많다면 한 가지 생각해봐야 할 점이 있다. 바로 '내가 왜 일찍 일어나야 하는가'다. 즉, 무작정 이 책을 따라 하는 것이 아니라 왜 새벽에 일어나려고 하는지, 새벽 기상이 나의 일상에 실제로 적용될 수 있는지 살펴보는 것이다.

만약 그렇다는 결론이 나왔는데도 일찍 일어나는 데 계속 실패한다면 충분한 수면 시간을 확보하기 위해 무엇을 조절할 수 있는지 곰곰이 따져보자. 피로를 느끼지 않으려면 최소 몇 시간을 자야 하는지, 오늘 밤의 스케줄은 무엇이고 다음 날 무엇을 해야 하는지, 매일 비슷한 시간대에 잠들 수 있도록 그중 생략할 수 있는 것은 없는지 등 상쾌한 아침을 만들 수 있는 여러 요소를 고려하는 것이 좋다.

나의 경우 그날의 컨디션에 따라 자는 시간을 조금씩 다르게 설정한다. 특별하게 한 게 없는데도 피곤한 날에는 저녁 9시부터 잘 준비를 한다. 그러면 다음 날 아침 4시 30분에도 훨씬 개운하게 일어날 수 있다. 반대로 낮에 커피를 너무 많이 마셨거나 신나는 일이 있어 잠이 오지 않을 때는 오후 11시 정도에 잠자리에 든다. 이렇게 늦게 잠들어서 다음 날 일어나는 게 힘든 경우에는 그냥 조금 더 잠을 청하거나 '일단 지금 일어나고 오늘 저녁에 조금 더 일찍 자야지'라고 생각한다.

●

외부적인 요인 때문에 늦게 잠드는 경우도 있지만, 심리적인 요인 때문에 아무리 노력해도 잠이 오지 않는 경우도 있다. 나의 경험상 이럴 때는 억지로 자려고 하지 않는 것이 좋다. '내일 일찍 일어나려면 빨리 잠들어야 한다'는 압박감이 오히려 잠을 설치게 만들기 때문이다.

우리는 로봇이 아니다. 우리가 새벽 기상을 시도하는 목적은 내일 하루만 일찍 일어나기 위해서가 아니다. 모레, 글피도 일찍 일어나 남들보다 하루를 빨리 시작하는 습관을 기르기 위해서다. 그러니 아무리 새벽 기상의 성공을 좌우하는 것이 취침 시간이라고 해도 정확히 똑같은 시간에 잠들려고 무리하지 말자. 각자의 컨디션에 맞는 적절한 수면 시간을 유지하기 위해 매일 앞뒤로 한 시간 정도 사이클을 조절해가는 것이 중요하다.

수면 사이클을 너무 들쭉날쭉하게 만들지는 말아야 한다. 하루는 오후 9시에 잠들어 오전 4시에 일어났다가 하루는 오전 3시에 잠들어 오후 2시에 일어나서는 안 된다. 하버드대학교가 학생

61명의 수면 습관과 성적의 상관관계를 연구한 결과에 따르면, 수면 사이클이 규칙적인 학생이 그렇지 않은 학생보다 성적이 더 높았다고 한다. 우리 몸에는 오전과 오후의 생체 리듬이 있는데, 자는 시간이 불규칙하면 이 리듬이 원래 시간보다 거의 세 시간 정도 천천히 작동해 수업에 집중할 수 없기 때문이다.[8]

이유 없이 잠들지 못하는 날이 계속된다면 하루를 마무리하는 나만의 단계를 만들어보자. 나는 저녁에 오일 버너oil burner나 향초를 켜고 반신욕을 하거나 얼굴에 마스크팩을 붙이거나 눈을 소독한 뒤 편하게 자리에 눕는다. 아침에 따뜻한 차를 마시고 노래를 들으며 하루가 시작됐다는 것을 나 자신에게 알리듯 나만의 취침 루틴으로 오늘 하루가 끝났다는 사실을 인식시켜주는 것이다.

때로는 오디오북이나 ASMR 영상을 켜놓기도 한다. 빨리 잠들어야 한다는 생각을 잊어버리기 위해 무언가를 듣는 데 집중하는 것이다. 저녁은 나에게 컴퓨터나 핸드폰을 보다가 잠드는 것이 아닌 오로지 취침을 준비하는 시간으로, 나는 이 시간을 아주 좋아한다. 이렇게 하루를 조용히 마무리하는 취침 루틴을 만들면 마음이 저절로 안정돼 수월하게 잠들 수 있다.

새벽 기상에 실패했다고 생각하지 말자

우리는 왜 목표를 향해 나아가다 위기를 맞닥뜨리는 걸 '실패'라고 평가할까? 새벽 기상을 성공적으로 습관화하기 위해서는 아침에 일어나서 얻을 보상을 계산해볼 뿐만 아니라 늦게 일어나는 것을 실패라고 단정짓지 말아야 한다.

아침형 인간이라고 매일 일찍 일어나야 하는 것은 아니다. 피곤한 날에는 잠을 더 자는 게 하루를 무사히 보내는 데 더 도움이 된다. 하루 늦게 일어났다고 해서 스스로 한심하다거나 문제가 있다고 생각하면 영원히 일찍 일어날 수 없다.

가끔 컨디션이 안 좋아서 평소보다 오래 잔다고 해도, 그날을 '늦잠 잔 날', '일찍 일어나는 데 실패한 날'보다는 '푹 잔 날'이라고 생각하자. 20년 넘게 새벽 기상을 해온 내가 장담하는데, 평소 일찍 일어나는 데 문제가 없는 사람이라고 해서 늘 쌩쌩하고 부지런한 것은 아니다. 열심히 달린 만큼 지치는 날도 있기 마련이다.

가끔은 알람 소리도 듣지 못할 만큼 피곤한 날도 있고, 아침에 멀쩡하다가도 오후에는 잠이 쏟아질 때도 있다. 이런 경험은 아침에 언제 일어나느냐와 상관없이 모두가 겪을 수 있으며 그럴 때 늦잠을 잤다고 새벽 기상에 실패한 것이 아니다. 오히려 푹 자고 나면 몸과 마음의 부담이 덜어져 다음 날 더 가뿐히 일어날 수 있다.

평소 잠자리에 드는 시간보다 30분 일찍 자고 평소 일어나는 시간보다 30분 일찍 일어나보는 것도 새벽 기상에 성공하는 좋은 방법이다. 일주일 정도 이 루틴에 익숙해지면 또 다음 일주일간 30분씩 시간을 앞당겨보는 것이다. 이렇게 계속 수면 사이클을 조절해서 습관화하면 일찍 일어나는 것이 훨씬 수월해진다.

또한 무조건 같은 시간에 일어나기보다 가끔은 의도적으로 30분 정도 늦게 알람을 설정해보는 것도 추천한다. 주말에는 아예 알람을 끄고 푹 자도 좋다. 일찍 일어나야 한다는 압박감에서 벗어나면 어느 순간 알람 없이도 새벽에 문득 잠에서 깨어나 시간을 확인하는 자신을 발견할 것이다.

새벽 기상은 더 나은 삶을 만드는 하나의 도구일 뿐이다. 잘 사용하면 효과를 볼 수 있지만, 이것 때문에 너무 큰 부담을 느끼거나 일상에 방해를 받는다면 나만의 리듬을 다시 찾아야 한다.

☀ 최고들의 아침 습관

나는 매일 아침 4시가 되기 조금 전에 일어난다.

일어나서 처음 한 시간 동안은 사용자를 비롯해

우리 애플에게 중요한 외부 인사들의

의견을 살펴보는 걸 좋아한다.

그리고 체육관에 가서 한 시간 정도 운동을 한다.

스트레스를 막아주기 때문이다.

그다음 카페에서 커피를 마시며 이메일을 더 확인한다.

이 모든 루틴이 의미하는 바는 자신이 하는 일을 사랑하면 그

일이 그냥 업무라고 생각되지 않고 일종의 자연스러운 일과로
느껴진다는 것이다. 나는 이런 행운을 통해 매일 아침 나 자신
을 발견한다.

_팀 쿡Tim Cook, 애플Apple CEO [9]

chapter 7

새벽을 제대로
보내고 싶다면

늘 거창한 일을 해야 하는 건 아니다

사람들은 내가 아침에 일찍 일어나니 특별한 하루를 보낼 거라고 생각한다. 또 새벽마다 엄청난 일을 해낼 거라고 여긴다. 사실은 그렇지 않다. 나는 매일 같은 시간에 눈을 뜨고 매번 같은 순서로 차를 마시고 출근을 준비하며 하루를 시작한다. 내 일상은 매뉴얼처럼 반복적이고 심심하고 평범하다. 만나는 사람은 물론 그들과 나누는 이야기도 늘 비슷하다.

하지만 이렇게 반복되는 일상이 지루한 건 아니다. 하루에 변함이 없다는 점을 활용해 조금씩 삶에 변화를 줄 수 있기 때문이다. 나는 아침 일찍 일어나 생긴 여유 시간에 책을 읽고 글을 쓰거나 등산을 가고 골프, 수영 같은 운동을 했다. 또한 영상을 편집하거나 유명인에게 이메일을 보내기도 했다. 이렇게 규칙적인 일상 곳곳에 특별한 이벤트를 채워 넣었더니 하루가 달라졌고 그 안에서 설렘과 즐거움을 찾았다.

새벽 기상은 나에게 삶을 변화시키고 싶다는 의지를 불어넣었다. 나에 대해 곱씹어보는 시간이 늘어나다 보니 자연스럽게 스스로 부족하다고 생각하는 부분을 보완하고 싶어진 것이다. 이를 위해 지금 할 수 있는 작은 일들이 무엇인지 찾아보고 과감하게 시도할 용기도 생겼다. 그래서 춤을 배우고 뮤지컬에 도전하고 해외 선교를 다녀오고 다이어트도 해봤다. 그러자 인생이 더욱 즐거워졌다. 조금씩 무언가를 계획하고 실패든 성공이든 그에 따른 결과를 얻다 보니 또 새로운 나를 발견하는 선순환 구조가 만들어졌다. 많은 일들이 생각보다 어렵지 않을 뿐만 아니라 마음만 먹으면 성장할 수 있다는 사실을 깨달은 것이다.

잘 생각해보면 항상 특별한 동기가 있어서 어떤 행동을 하는 건 아니다. 자신을 성장시키는 데 특출난 계기나 이유는 필요 없다. 새벽 기상도 마찬가지다. 아침 일찍 일어나서 대단한 일을 해야 한다는 강박관념에 사로잡힐 필요는 없다. 새벽 기상으로 얻은 인생의 보너스 타임은 마음대로 사용해도 상관없다. 중요한 것은 당신이 피곤함을 무릅쓰고 일찍 일어났다는 것이지 그 시간에 얼마나 위대한 일을 했느냐가 아니다.

새벽 기상을 통해 생활 습관이 달라지면 특별한 일을 하지 않아도 지금과 다른 삶을 살 수밖에 없다. 아무 이유 없이 실천한 사소한 행동으로 자연스럽게 더 나은 내가 될 수 있다는 자신감을 찾을 수 있기 때문이다. 생각보다 나 자신이 훨씬 괜찮은 사람이라는 사실을 직접 느끼는 것이다. 그리고 이렇게 습관을 바꾸면 추구하는 가치가 달라질 뿐만 아니라 주어지는 기회도 달라진다. 그토록 찾아 헤매던 꿈, 목표, 동기, 꾸준함 역시 함께 따라온다. 그럼에도 불구하고 혹시 갑자기 얻은 여유를 어떻게 사용해야 할지 막막한 사람들을 위해 새벽을 보내는 나만의 몇 가지 방법을 소개하겠다.

밀린 일 처리하기

나는 야근을 하는 것보다 새벽에 일을 시작하는 것을 좋아한다. 아침에 미리 업무를 처리해두면 하루를 여유롭게 보낼 수 있기 때문이다. 야근을 할 때는 일이 밀려 퇴근을 못 하고 있다는 불쾌한 기분이 들지만 새벽에는 미리 일을 끝내놓았다는 뿌듯함을 느낄 수 있다.

앞서 잠깐 언급했지만 나는 로스쿨을 다니면서도 꾸준히 파트타임으로 일을 해왔다. 중요한 재판이 있거나 의뢰인을 만나러 가는 날에만 사무실에 출근했고 나머지 시간은 재택 근무로 대체해 주 30시간 정도를 근무했다. 원래는 방학 때만 일하려고 했지만 마지막 학기를 남겨두고 최대한 경력을 많이 쌓아야 했기 때문에 쉽게 일을 그만둘 수 없었다. 공부보다 실무가 훨씬 재미있기도 했다.

파트타임 근무 외의 나머지 시간은 로스쿨 공부에 투자했다. 수업을 듣고 과제도 하고 매주 미니 테스트를 준비하고 봉사활동에 인맥 관리, 각종 모의재판 및 협상 대회까지 정신없이 보냈던 시기였다. 지금 생각하면 어떻게 이 많은 스케줄을 소화했나 싶을 정도다. 어떤 일이든 소홀히 하기 싫었고 주어진 기회를 놓치고 싶지도 않았다.

아무튼 당시 일요일 저녁쯤 상사가 이메일을 하나 보내곤 했다. 월요일 퇴근 전까지 급하게 제출해야 할 리서치 과제였다. 그러면 나는 '내일은 중요한 그룹 미팅도 있고, 수업도 제일 많은데…' 하고 혼자 궁시렁거리면서도 월요일 첫 수업 전에 과제를 정리해 보냈다.

이 모든 일을 가능하게 만든 것은 바로 새벽 기상이었다. 아침 4시 30분에 일어나면 첫 수업 전까지 대략 네 시간을 확보할 수 있는데, 첫 두 시간은 관련 판례와 법을 읽고 나머지 두 시간은 나의 사건에 어떻게 적용될 수 있는지 정리해 리서치 과제를 완수했다. 만약 사건이 너무 복잡해 시간이 더 필요한 경우에는 일단 한 것까지만 미리 변호사님에게 보내놓고 추가로 질의나 요청이 있으면 보충하는 방식으로 일을 빨리 처리했다.

새벽에 업무를 보는 게 나도 사실 그다지 탐탁지는 않다. 하지만 법조인의 세계에서는 기한을 잘 지키는 것이 정말 중요하다. 한 번 약속을 어기면 신용이 깎이는 만큼 새벽 시간을 활용할 수밖에 없다. 파트타임을 할 때의 경험 덕분에 지금 기업 변호사로 활동하면서도 급한 업무는 꼭 출근 전에 어느 정도 끝내놓는 습관이 생겼다. 출근해서 바로 상사에게 보고를 하거나 미팅을 할 때 항상 준비된 모습을 보여주고 싶기 때문이다.

새벽에는 다른 동료들이 출근해 있지 않기 때문에 이메일에 회신하기보다는 혼자서 끝낼 수 있는 간단한 업무를 처리한다. 출근해서 해야 할 일이 열 가지라면, 출근 전에 두세 가지를 끝내놓는 셈이다. 그러면 출근해서도 어느 정도 준비가 돼 있기 때문에 시간은 물론 마음에도 여유가 생겨 업무에 자신감을 가질 수 있다.

일을 하느니 차라리 잠을 택하겠다고 생각할지도 모른다. 하지만 직장인이라면 대부분 일 때문에 받는 스트레스는 피하고 미룬다고 해결되지 않는다는 사실에 공감할 것이다. 이렇게 업무가 한꺼번에 몰리거나 잘해내야 한다는 압박을 받을 때 새벽에 미리 일을 시작하는 게 큰 도움이 된다. 회사가 아닌 안락한 공간에서 좋아하는 음악을 들으며 편안하게 업무를 처리하면 능률이 높아질 뿐만 아니라 즐겁게 일할 수 있다.

새벽에는 몸을 움직여보자

"변호사님은 항상 에너지가 넘쳐요"라는 소리를 회사에서 자주 듣는다. 나는 그 비결을 운동으로 꼽는다. 특히 새벽에 운동하는 것을 좋아한다. 아침에 미리 운동하면 퇴근 후에 헬스장에서 시간을 보낼 필요가 없기 때문이다.

사람들은 새벽에 운동하면 온종일 피로할 것이라고 착각한다. 하지만 새벽 운동으로 시작한 하루는 독서로 시작한 하루보다 더 상쾌하다. 푹 자고 일어났기 때문에 운동을 다 해도 피곤하지 않고 몸이 가벼워져 집중력도 높아진다. 그래서 나는 중요한 날에는 꼭 새벽 운동으로 하루를 시작한다. 실제로 아침 운동이 하루의 인지 기능과 신체 능력 향상에 도움을 준다는 다양한 연구 결과들도 있다. 나 역시 학창 시절 시험이 있는 날에는 일부러 새벽 운동을 했을 만큼 운동에 큰 도움을 받았다.

새벽 운동은 다이어트에도 효과 만점이다. 그날 하루는 건강하게 시작했으니 건강하게 보내겠다고 다짐하게 되기 때문이다. 실제로 성인 1,854명의 취침 및 기상 시간과 섭취 식품을 연구한 한 조사 결과에 따르면 아침형 인간은 저녁형 인간에 비해 오전 10시 이전에 칼로리를 4퍼센트 더 섭취하며 저녁에 당분과 지방 등을 과도하게 섭취하지 않는 경향이 있어 비만에 걸릴 위험도 낮다고 한다.[10] 나도 새벽 운동으로 공부하면서 찐 살 10킬로그램을 세 달 만에 빼고 4년간 몸무게를 유지하고 있다.

무엇보다 운동 후 느끼는 뿌듯함은 말로 표현할 수 없다. 딱 20분만, 30분만 하며 조금씩 운동 시간을 늘리다 보면 힘들어도 마지막 1분까지 최선을 다하는 인내심을 기를 수 있다.

만약 새벽에 무엇을 할지 딱히 정하지 못했다면 운동을 적극 권장한다. 이때 각자 건강 상태와 일과에 맞게 꾸준히 할 수 있는 운동을 찾는 게 중요하다. 특히 운동이 처음이라면 자신에게 맞는 운동이 무엇인지 반드시 파악해야 한다. 꼭 헬스장에 가거나 고급 운동기구를 사용할 필요는 없다. 나는 운동하러 갈 시간이 없을 때 새벽에 집에서 실내 자전거를 타는데, 특별한 기능 없이 보통 40분간 페달을 밟은 뒤 10분 정도 스트레칭을 하고 샤워를 한다. 사이클링, 스쿼시, 수영, 조깅, 요가, 명상 등 나에게 잘 맞다면 무엇이든 괜찮다.

개인적으로는 땀을 많이 흘릴 수 있는 유산소 운동을 한 뒤 상쾌하게 샤워하는 것을 좋아한다. 특히 새벽 수영을 추천한다. 학창 시절 나는 수영선수로 활동하느라 새벽에 훈련을 많이 했는데, 수영은 전신 운동이다 보니 단시간에 근육, 심폐 기능 등을 크게 향상시킬 수 있다. 또한 물속에서 걷기만 해도 관절에 무리를 주지 않는 훌륭한 운동이 된다. 아침 일찍 일어나 운동을 시작해보자. 즉시 몸과 마음에 변화를 느낄 수 있을 것이다.

새벽의 독서가 인생을 바꾼다

예전에 나는 독서를 그다지 좋아하지 않았다. 책을 읽는 속도가 느릴뿐더러 변호사 시험을 준비할 때는 과제로 살펴봐야 하는 사건이 너무 많았고 직장인이 된 지 얼마 되지 않았을 때는 읽어야 할 서류가 너무 많아 더 이상 글자를 보기가 싫었다. 하지만 지금은 아침의 독서를 즐긴다.

평소 손이 가지 않았던 책이 있다면 새벽에 읽어보자. 전과는 다른 책으로 느껴질 것이다. 전날 퇴근길에 읽었던 책을 아침에 다시 읽으면 처음 읽는 것처럼 새로운 메시지가 눈에 들어온다.

독서는 한 번도 가보지 않은 세상을 간접적으로 경험하게 만들어준다. 또한 직접 만날 수 없는 사람, 내 주변에는 존재하지 않는 사람들이 어떤 생각을 하고 어떤 삶을 사는지, 어떻게 성공했는지 엿보게 해준다. 이를 통해 내가 돌아온 길을 돌아보며 감사하기도, 반성하기도 한다.

나는 새벽에 책을 읽다가 새로운 목표를 세우기도 한다. 예컨 대 별 생각 없이 영상 편집 관련 책을 읽고 무작정 편집을 시작했다가 유튜버로도 활동하게 됐다. 또 《걷는 남자, 하정우》라는 책을 읽고 언젠가 잠원동에서 공항까지 걸어 가보겠다는 새로운 목표를 세웠다. 《문득 떠오른 내 아이디어 돈이 될 수 있을까?》를 읽고는 평소 생각만 하던 특허 등록에 도전하게 됐다.

만약 아침에 책을 읽는 게 힘들다면 가벼운 그림 에세이를 읽어보는 건 어떨까? 《라이언, 내 곁에 있어줘》 같은 책은 그림을 감상하는 즐거움이 있을 뿐만 아니라 글이 많지 않아 읽기가 쉬우면서도 독서를 했다는 만족감을 준다.

영화를 좋아한다면 영화의 원작 도서를 읽는 것도 추천한다. 영화를 이미 봤더라도 그 이야기를 책으로 읽을 때는 또 다른 감동을 얻을 수 있다. 내가 제일 좋아하는 영화는 〈포레스트 검프〉와 〈행복을 찾아서〉인데, 책으로도 몇 번이나 읽었지만 읽을 때마다 매번 새로운 감동을 받는다.

가끔은 중고서점에서 초등학교 교과서를 구입해 읽기도 한다. 미술, 음악, 역사 등 성인이 돼서 무관심해진 분야의 교과서를 다시 읽으면 새로운 지식을 배울 수 있다. 학생들을 위한 책이다 보니 이해하기 쉬우면서도 의외로 몰랐던 내용이 상당히 많다.

만약 책 읽는 것을 딱히 좋아하지 않는다면 따뜻한 차를 마시며 오디오북을 들어보는 건 어떨까? 나는 '오디블Audible'이라는 해외 애플리케이션을 이용하는데, 보통 오디오북 애플리케이션에는 한 달 무료 체험이 있다. 이를 통해 내가 좋아하는 책이 있는지, 성우의 목소리는 마음에 드는지 확인하면 더 좋다.

새벽에 독서를 할 땐 무조건 마지막 장까지 읽어야 한다는 생각을 버려야 한다. 새벽은 나에게 여유를 선물하는 시간이지 무언가 끝내야 한다고 압박하는 시간이 아니다. 책을 끝까지 다 읽어야 한다는 부담을 느끼면 유의미한 회복의 시간을 만들 수 없다. 반대로 편안한 마음으로 좋은 음악을 들으면서 책을 읽으면 몸이 그 시간을 기억할 것이다.

새벽의 독서는 이를 통해 편안한 마음으로 새로운 지혜를 얻고, 자연스럽게 세상의 흐름을 이해하고, 생각의 틀에서 벗어나는 정도로만 즐기면 충분하다. 책으로 날마다 성장하는 스스로의 모습을 보며 큰 성취감을 느낄 것이다.

새벽에는 취미 생활을

나는 취미가 많다. 공부하느라 취미 생활을 즐기지 못한 탓인지, 변호사가 된 후 다양한 분야에 관심이 생겼다. 그중 유튜브 채널에 올릴 영상을 편집하는 일에 시간을 가장 많이 할애한다. 그게 벌써 2년이 돼간다.

처음 유튜브 채널을 운영하게 된 시점은 회사의 점심시간이 한 시간에서 두 시간으로 바뀌었을 때였다. 길어진 점심시간에 할 만한 일이 없을지 찾다가 영상 편집 책을 읽게 됐다.

처음에는 점심시간에만 책으로 영상 편집을 공부했다. 하지만 나중에는 '프리미어 프로'라는 편집 프로그램을 직접 구매해서 새벽에 두 시간, 점심에 두 시간, 퇴근 후 한 시간 등 자유 시간을 모아 틈틈이 연습할 정도로 편집에 푹 빠졌다.

그렇게 영상 편집에 관심을 가지다 보니 직접 촬영까지 해보고 싶어졌다. 또 영상을 촬영하고 편집을 하다 보니 자연스럽게 유튜브라는 플랫폼에도 관심이 생겼다. 당시에는 변호사 유튜버가 몇 없었기 때문에 '유튜브로 미국 변호사 관련 정보를 전달하면 사람들에게 도움이 될 것 같은데?'라는 아이디어가 떠올랐다. 그래서 유튜브에 직접 촬영하고 편집한 영상을 올렸다.

회사 일과 유튜브 채널 운영을 병행하는 게 처음에는 쉽지 않았다. 큰 반응도 없었다. 하지만 편집에 나름 재미를 붙이고 있었고 카메라를 구입해서 앵글을 바꾸는 방법까지 배울 정도로 열정적이었다. 새벽 시간을 활용하면 업무에도 딱히 지장이 없었기에 꾸준히 계속해보기로 다짐했다.

평소 카메라에는 전혀 관심이 없었지만 직접 다뤄보니 아주 흥미로웠다. 영상 제작에 즐거움을 느끼면서 유튜브 채널에 올릴 콘텐츠를 더욱 다양하게 구상해보게 됐는데 그중 하나가 평소 일상을 보여줄 수 있는 브이로그였다. 그렇게 새벽 4시 30분에 일어나는 이유와 이 시간을 어떻게 활용하는지 솔직하게 찍어서 올린 게 큰 화제가 됐다. 많은 사람들이 나를 따라서 일찍 일어나보겠다는 댓글을 달았다. 내 영상이 누군가에게 동기를 부여할 수 있다니 믿기지 않았다.

이런 경험을 통해 내가 콘텐츠를 기획하고 연출하고 편집하는 걸 좋아한다는 사실을 깨달았다. 그래서 단편 영화제에 출전해보기도 했다. 비록 입상하지는 못했지만, 새로운 내 모습을 발견함으로써 또 한 번 인생에 의미 있는 순간을 경험했다는 점에 감사했다. 아무 생각 없이 편집을 배웠을 뿐인데 삶에 긍정적인 변화를 만든 것이다.

요즘은 온라인으로든 오프라인으로든 다양한 경험을 할 수 있는 시대다. 새벽에 일어나 무엇을 해야 할지 모르겠다면 우선 내가 어느 정도 잘할 수 있다고 생각하는 분야에 도전해보자. 직업에 관련된 취미를 시작하는 것도 좋다. 빠르게 성취감을 느낄 수 있을 뿐만 아니라 이렇게 익힌 능력을 업무에 바로 써먹을 수 있기 때문에 보람을 크게 느낄 것이다.

평소 좋아하는 분야와 관련된 일을 하는 것도 추천한다. 예를 들어 사진 촬영에 관심이 있었다면 사진을 예쁘게 꾸밀 수 있는 포토샵을 배워보거나, 독서를 즐긴다면 직접 책을 출간해보는 것이다. 평소 팬이었던 연예인의 다양한 MD를 만들어보는 것도 괜찮고, 공상을 즐긴다면 블로그나 SNS에 글을 올리는 것도 훌륭한 취미가 될 수 있다. 실력이 부족해 결과물이 엉성하더라도 좋아하는 분야에 발을 들였다는 사실만으로 설렐 것이다. 게다가 인기를 얻으면 부가 수익도 창출할 수 있다.

만약 딱히 좋아하는 게 없다면 그동안 관심을 가지지 않았던 생소한 분야에 도전해보는 것도 괜찮다. 사람들은 자신이 좋아하는 일을 해야만 그 일을 꾸준히 할 수 있다고 생각하는 경향이 있다. 하지만 나는 새벽에 평소 선호하지 않았던 분야에도 관심을 기울여본다. 딱히 좋아하거나 잘하지 않아도 내가 새롭게 할 수 있는 일을 찾아보는 것이다. 그러다 보면 예상하지 못한 곳에서 또 다른 나 자신을 발견할 수 있다.

이렇게 작은 관심이 불씨가 돼 큰 결과물을 내기도 한다. 내가 영상 편집을 시작으로 유튜브 채널 운영, 단편 영화제 참가, 책 출간 등의 기회를 얻을 수 있었듯이 일찍 일어나 특별한 목적 없이, 그저 스트레스를 풀거나 호기심을 충족하거나 색다른 즐거움을 찾다 보면 뜻밖의 기회를 발견할 수 있다. 무언가를 해내겠다는 구체적인 목표가 없어도 상관없다. 새벽 기상을 실천하면 그 시간을 제대로 보내야겠다는 의욕이 저절로 샘솟기 때문이다.

새벽 공부의 놀라운 힘

나는 변호사이자 직장인이다. 학생일 때는 솔직히 이쯤 되면 공부는 이제 그만할 줄 알았다. 하지만 현실은 그렇지 않다. 발전하지 않으면 살아남기 힘든 시대다. 직장인이 됐다고 더 이상 공부를 안 해도 된다고 믿으면 큰 오산이다.

공부는 삶의 끝없는 숙제다. 배움을 중단하고 발전이 없으면 회사에서든 인생에서든 매년 같은 자리에만 머무르게 된다. 아무리 안정적인 직장에 다니는 직장인이라도 실무에 필요한 공부를 게을리해서는 안 된다. 그러니 이번 기회에 일찍 일어나 자신의 전문 분야를 파고들어보는 것은 어떨까?

나 역시 변호사가 된 후에도 아침에 다양한 분야를 공부하고 있다. 물론 업무와 관련된 지식을 공부할 때도 있다. 뉴스를 보다가 문득 비슷한 사례가 미국에도 있는지, 한국 법과 미국 법에는 어떠한 차이가 있는지 궁금해지면 따로 메모했다가 새벽에 답을 찾아본다.

직무와 무관하게 완전히 새로운 분야를 배우기도 한다. 작년에는 일본어 학습지를 구독해서 아침마다 공부했고, 스페인어와 중국어를 독학해본 적도 있다. CPR 자격증과 다양한 민간 자격증을 준비하거나 평소 관심 있던 심리와 관련된 무료 지원 강의를 수강하기도 한다.

최근에는 범죄심리학에 흥미가 생겨 새벽에 틈틈이 공부를 시작했다. 그러다 프로파일링을 깊이 이해하고자 국내 대학원에도 지원했다. 앞서 말했듯이 유튜브 채널을 운영하기 시작할 무렵에는 영상 편집을 공부했고 범위를 넓혀 포토샵과 촬영 기술도 익혔다. 유튜버가 된 후에는 영상과 음악 저작권은 물론 악성 댓글 법적 대응 및 소송도 공부하고 있다.

학창 시절 새벽 시간을 활용해 공부하지 않았더라면 나는 지금 변호사가 되지 못했을 것이다. 나는 보기보다 머리가 좋은 편이 아니고 습득력도 느리다. 한마디로 완전한 노력파다. 그래서 무엇을 하든 남들보다 훨씬 더 많이 노력해야 했다. 물론 새벽에 공부한다고 무조건 성적이 좋아지는 것은 아니다(만약 그렇다면 나는 전교 1등이 됐어야 한다). 하지만 새벽이 나에게 특권을 줬다는 사실을 부인할 수 없다.

새벽 공부의 또 다른 장점은 아침에 공부한 내용을 오후에 복습할 수 있다는 것이다. 저녁에 공부를 시작해서 아침까지 밤새 공부할 수도 있지만, 그런 경우 다음 날이 되면 공부한 걸 잊어버릴 확률이 높다. 하지만 새벽에 일어나 그날 배울 내용을 예습하고 낮에 수업을 들으며 자연스럽게 응용한 뒤 저녁에 다시 복습하면 더욱 쉽게 기억할 수 있다.

실제로 아침형 인간과 저녁형 인간의 두뇌 기능을 분석한 한 연구 결과에 따르면, 아침형 인간은 두뇌 영역의 연결성이 높아 집중력과 반응속도, 임무 수행 능력 자체가 높다고 한다.[11] 나 역시 아침에 집중이 잘되는 편이라 로스쿨에 다닐 때 아침 8시에 수업을 듣는 경우가 많았는데 일찍 일어나 수업 직전 미리 예습을 하거나 전날 강의 내용을 복습하면 수업 내용을 더 잘 이해할 수 있었다.

또한 새벽 공부는 불안을 해소해준다. 시험을 코앞에 두고 있거나 시간이 오래 걸리는 과제를 해야 할 때 공부할 시간이 부족하다는 압박에 시달리는 수험생들이 많다. 이때 이른 시간부터 공부를 시작하면 준비할 여유가 있다는 안정감을 느낄 수 있다. 또한 빨리 공부를 끝내야 한다는 초조함이 줄어들어 실수도 덜 할 수 있다. 게다가 쉴 틈이 생기면 오후에 잠시 낮잠을 자거나 운동할 시간을 확보할 수 있으니 일석이조다.

여기서 내가 말하는 공부는 꼭 학문적인 지식을 습득하는 것을 의미하지 않는다. 새로운 정보를 찾아보고 익히는 행위 모두가 공부다. 물론 지인에게 물어보면 충분한 정보를 쉽게 얻을 수 있지만, 궁금증을 직접 해결하면 그 지식이 더 값지게 느껴질 뿐만 아니라 그와 관련된 새로운 일에 도전할 때 성공 가능성도 예측할 수 있다.

어떤 공부든 상관없다. 대학원 진학이든 자격증 취득이든 미뤄둔 공부가 있다면 저녁보다 새벽에 시도해보자. 물론 각자의 학습 스타일과 생활 패턴에 맞게 공부하는 게 중요하겠지만, 평소 공부할 시간이 부족하다면 새벽 기상만큼 효과적인 해결 방법은 없다. 저녁에는 이미 지친 상태여서 '회사만 아니면 공부를 더 할 수 있을 텐데…' 같은 생각에 기운이 빠지는 반면, 새벽에 무언가를 공부하고 일과를 시작하면 학업 또는 회사 일과 다른 공부를 동시에 해내는 자신이 대견스러워 자신감이 높아진다.

☀ 최고들의 아침 습관

4시 15분에 일어나 하루를 시작한다. 새벽 루틴이 끝나기 전까지 핸드폰을 확인하지 않는다. 전자기기에 방화벽을 치는 것이다. 무언가를 읽는 대신 운동과 생각을 한다.

❧

나는 글을 읽으면 다른 사람의 생각에 금방 빠져든다.

그러면 집중력이 흐트러진다.

그래서 조용한 아침에 혼자서 생각하는 걸 좋아한다.

에너지를 채워줄 뿐만 아니라 마음을 정돈해주기 때문이다.

새벽의 고요가 나의 하루를 결정짓는다.

❧

하루하루 빠르게 변화하는 사회에서 꽤 복잡한 회사를 운영하기 위해서는 외부의 일보다 나 자신의 생각을 가다듬는 데 시간과 에너지를 할애하는 것이 좋다.

_밥 아이거Bob Iger, 디즈니Disney 전 CEO [12]

chapter 8

아침형 인간의
주말 사용법

토요일은 또 다른 보너스 타임

평일 아침 4시 30분에 일어나는 내가 주말에는 언제 일어나는지 궁금해하는 사람들이 많다. 나는 보통 토요일 아침 5시쯤에 눈을 뜬다. 토요일이니까 더 푹 자야겠다고 생각하며 다시 잠을 청해보지만, 새벽 기상에 익숙하다 보니 특별하게 할 일이 없어도 평소와 비슷한 시간에 일어나게 된다.

나에게 토요일은 또 다른 보너스 타임이다. 주중에 바빠서 놓친 일을 하는 시간으로, 영상 편집을 마무리하기도 하고 끝까지 보지 못했던 책을 마저 읽기도 한다. 평일에 마치지 못한 업무가 있거나 매우 중요해서 유독 신경 쓰이는 사건이 있으면 토요일에 끝내놓을 때도 있다.

평일에는 따로 시간을 내기 어려운 일을 새롭게 시도할 때도 있는데, 최근까지는 댄스와 필라테스를 배웠다. 날씨가 좋을 때는 등산을 가기도 하고 그렇지 않을 때는 실내 골프를 친다. 딱히 하고 싶은 것이 없을 때는 수영을 하러 간다.

주중에는 바빠서 잘 만나지 못했던 친구를 만나기도 한다. 특히 친구와 조조 영화를 보는 것을 좋아한다. 일찍 영화관에 가면 할인을 받을 수 있을 뿐만 아니라 사람도 많이 없어 원하는 자리에 앉아 편하게 영화를 관람할 수 있기 때문이다.

물론 토요일 오전 일찍 만나는 걸 처음부터 좋아하는 친구는 흔치 않다. 하지만 몇 번 만나보면 친구들도 나와의 약속을 좋아하게 된다. 영화를 다 본 뒤 이른 점심을 먹고 헤어져도 1시가 채 되지 않다 보니 집에 돌아오는 길에 서점을 방문하거나 일주일 치 장을 본다.

저녁에는 한 주를 마무리하는 마음으로 책상을 정리한다. 집안 곳곳을 청소하고 밀린 세탁물을 갠다. 이렇게 토요일에 구석 구석 안 보이는 부분까지 일주일 동안 쌓인 먼지를 쓸고 닦으면 기분이 아주 상쾌해질 뿐만 아니라 일요일에 대청소 압박 없이 푹 쉴 수 있어 일석이조다.

●

　토요일을 알차게 활용하는 습관은 로스쿨을 다닐 무렵에 생겼다. 당시 나는 멀쩡한 두 다리를 두고 비싼 보험료, 기름값, 주차비 등을 지불하며 차를 가지고 싶지 않았다. 걸어 다니거나 우버Uber 택시를 이용하는 게 시간적으로, 금전적으로 더 이득이라 판단했다. 그래서 주로 필요할 때마다 집카Zipcar(시간 단위로 자동차를 대여할 수 있는 서비스)를 사용해 할 일을 한 번에 끝내곤 했다. 이때 15분마다 추가 비용이 발생하는 것을 막기 위해 복잡한 시간대를 피하다 보니 자연스럽게 주말 오전을 선호하게 됐다. 토요일 아침에는 어디를 가든 사람이 없기 때문에 길이 막히지 않고 대기 시간도 없기 때문이다. 이렇게 몸에 밴 버릇이 지금까지 이어진 것이다.

　한국에 돌아와 처음 직장 생활을 시작할 때는 평일의 노고를 보상받기 위해 주말에 무조건 친구를 만나려고 했다. 특별한 약속이 없는 날은 침대에 누워 핸드폰만 들여다봤다. 하지만 지금은 꼭 쉬어야 한다고 생각하기보다 평일에 하지 못한 일을 마무리하겠다는 마음으로 주말을 알차게 보낸다. 아침 일찍 일어나 주중에 여유롭게 하루를 보내니 주말에 반드시 자유 시간을 보충해야 한다고 생각하지 않게 됐고 토요일에도 새로운 일을 시도할 에너지가 충분하기 때문이다.

온전히 숨만 쉬는 일요일

토요일과 달리 일요일에는 나도 온전히 휴식을 취한다. 일요일 아침에는 보통 잠에서 일찍 깨더라도 침대에 가만히 누워 밀린 텔레비전 프로그램을 보거나 SNS를 훑어본다. 지난주를 돌아보고 새로운 한 주를 어떻게 보낼지 계획하는 시간을 갖기도 한다.

평소 아침을 일찍 먹는 습관 덕에 오전 8시가 되면 자연스럽게 배가 고프다. 그래서 대충 아침 식사를 하고 교회에 간다(요즘에는 코로나19 탓에 집에서 예배를 보기 때문에 조금 더 여유 있는 일요일을 보낸다).

집으로 돌아와서는 맛있는 음식을 정성껏 요리해서 먹는 게 소소한 낙이다. 떡볶이나 호떡을 만들어 먹기도 하고, 옥수수와 고구마를 쪄 먹거나 고기 파티를 할 때도 있다. 그리고 푹 휴식을 취한다. 이외에는 특별히 하는 일이 없다.

일요일에는 오로지 한 주를 시작할 에너지를 충전하는 데 집중한다. 그러다 보면 아무리 힘든 한 주를 보냈어도 자연스럽게 마음이 안정된다. 토요일까지 해야 할 일은 모두 끝냈고 후회 없이 하고 싶은 일에도 도전해봤기 때문이다.

가끔 원하는 결과를 얻지 못하거나 일이 순조롭게 풀리지 않아도 일요일에는 마음을 조금 내려놓는다. 내일 또 시도하면 되니까.

☀ 최고들의 아침 습관

아침에 일어났을 때 미래가 더 나아질 것 같다면 그날은 좋은 날이다. 그런 생각이 들지 않는다면 좋지 않은 날이다.

❧

여섯 시간을 자고 7시에 일어난 뒤 제일 먼저 하는 일은
30분 정도 '비판적인 이메일'에 답하는 것이다.
그리고 커피를 마신다.
이것만으로도 너무 바쁘기 때문에
아침 식사는 잘 하지 않는다.
다섯 아들을 학교에 데려다주고 출근해서
오전에는 디자인과 엔지니어링 관련 회의를 한다.

❧

하루의 스케줄을 계획할 때는 냉정하게 우선순위를 정한다.
잡음 너머의 신호에 집중하라. 실제로 상황을 좋아지게 만들지
않는 일에 시간을 낭비하지 마라.

_**일론 머스크**Elon Musk, **테슬라**Tesla **CEO**[13]

PART
3

내가 조금씩
성장하는 방법

chapter 9

시간이 아닌
나를 관리하라

시간은 관리할 수 없다

사람들은 내가 규칙적으로 일어나고 잠을 자니 시간을 잘 관리할 거라고 생각한다. 하지만 그렇지 않다. 사실 나는 시간 관리의 의미조차 정확히 모른다. 시간별로 무엇을 해야 한다고 생각하면 머리가 아플 지경이다. 지금 하고 있는 일이 언제 어떻게 끝날지 정확히 알지도 못하는데 어떻게 일일이 소요 시간을 예측하며 계획을 세울 수 있는지 이해가 가지 않는다.

한때는 나도 시간마다 할 일을 나눠서 그 안에 무조건 끝내는 방식을 시도해보기도 했다. 하지만 오래 가지 못했다. '30분만 더 있으면' 하고 생각해도 나의 의지와 상관없이 시간은 그냥 흘러가 버리기 때문이다.

그래서 이제는 시간 관리를 하지 않는다. 대신 나 자신을 관리한다. 이를 위해 매일 조금씩, 천천히, 하나씩 성장하는 데 집중했다. 그리고 그렇게 목표를 달성할 때마다 의미 있는 보상이 주어졌다. 어떤 일이든 꾸준하게 계속하는 습관은 물론 또 다른 목표를 설정할 원동력이 생긴 것이다.

내가 시간을 체계적으로 관리하기 위해 아침 4시 30분 기상을 선택한 것은 아니다. 하지만 일찍 일어나 하루를 시작하다 보니 자연스럽게 평범하고 반복적인 일상에서도 머릿속으로만 꿈꿔온 일을 시도할 에너지와 여유가 생겼다. 또한 의도치 않게 야근을 하거나 저녁 약속이 잡혀도 새벽에 미리 계획했던 일과들을 끝냈기에 포기해야 할 것이 없었고 언제든지 나만의 루틴으로 돌아갈 수 있었다.

간혹 자기계발을 꾸준히 하는 사람들에게 '저것도 사정이 넉넉해야 가능한 일이지'라고 말하는 경우가 있다. 하지만 꼭 시간이나 경제적으로 여유가 있어야만 자신을 관리할 수 있는 것은 아니다.

새벽처럼 평소 중요하지 않다고 여겼던 자투리 시간에 나를 위한 작은 일들을 조금씩 해나가다 보면 일상을 바꾸는 소소한 재미를 깨달을 수 있다. 그리고 이런 틈새 시간이 또 없는지 찾느라 어떻게 하면 하루를 더 효율적으로 사용할 수 있을지 나도 모르게 고민하게 된다. 그러니 딱히 하는 일도 없는데 늘 시간이 부족하고 하루가 허무하게 흘러간다고 느낀다면 이번 기회에 나 자신부터 관리해보는 건 어떨까?

습관이 기회를 만든다

지금까지 새벽 기상의 장점과 그를 활용하는 방법에 대해 이야기했다면, 이제부터 조금 더 개인적인 이야기를 해보려고 한다. 이번 파트에서는 내가 평소 인간관계나 마인드, 슬럼프 등을 어떻게 관리하는지, 즉 나 자신을 어떻게 관리하는지 소개할 것이다.

나는 새벽에 다양한 목표를 달성했다. 그러나 어떤 한 가지 목표를 이루기 위해 일찍 일어난 것은 아니다. 건강한 삶의 태도를 유지하고 주어진 시간을 조금 더 의미 있게 사용하기 위해 주도적으로 생활 습관을 컨트롤했을 뿐이다. 그러다 보니 어느 순간

나는 수영선수가 됐고, 미국 두 개 주의 변호사 자격증을 소유한 변호사가 됐고, 안정적인 직장에 취직을 했고, 많은 사람들에게 동기를 부여할 수 있는 유튜버가 됐고, 지금 이 책을 집필한 작가가 됐다.

여기서 끝이 아니다. 책을 쓰면서 직접 플래너를 제작해보고 싶다는 목표가 생겨 플래너 디자인 작업을 시작했고 이 디자인의 특허를 등록하는 방법까지 알아보고 있다. 이렇게 다양한 활동을 하면서 각종 방송 섭외와 광고 문의라는 생각지도 못했던 문이 열리기 시작했다. 내년에는 나 자신이 또 얼마큼 어떻게 발전돼 있을지 잘 모르겠지만 조금씩 나를 관리하다 보니 좋은 습관이 생겼고 이 습관이 또 새로운 기회를 만들어내고 있다는 것은 부인할 수 없는 사실이다.

이렇게 발전하기 위한 습관을 만들 때 핵심은 나 자신에게 집중하는 것이다. 친구보다 나와의 약속을 우선으로 지키고 외부의 일보다 내면의 소리에 귀 기울여야 한다. 2~3주 정도 기한을 정해두고 나 자신에게 집중하다 보면 신기하게도 예전에는 힘들게 쫓아다녀야 했던 상황들이 알아서 나를 따라온다. 나에게 무엇이 중요하고 중요하지 않은지 깨달으면서 생기는 결과다. 이때

2~3주라는 시간을 언급한 까닭은 정신력을 강화하는 데 기본적으로 시간이 걸리기 때문이다.

한편 정해놓은 기간이 지났는데도 변화가 없다면 조바심을 내기보다는 내 마음이 진짜 원하는 것이 무엇인지 냉정하게 생각해볼 필요가 있다. 감정의 기복이 심하면 좋은 습관을 만들 수 없다. 예컨대 새벽에 일찍 일어나서 운동하는 것보다 퇴근하고 친구들을 만나 늦게까지 술을 마시는 게 더 행복하다면, 따뜻한 커피를 마시며 책을 펼쳤는데 울리지도 않은 핸드폰을 들여다보며 외롭다고 생각한다면 진짜 필요한 것은 자기계발이 아닌 우정일지도 모른다.

인생을 바꾸고 싶다면 아무리 사소한 목표일지라도 한 번에 손쉽게 이뤄지길 기대하는 태도는 버려야 한다. 앞서 여러 번 이야기했지만, 행운을 기대하지 않고 다른 사람들의 이야기가 아닌 나의 목소리에 귀 기울이며 조금씩 스스로를 발전시키다 보면 예전과는 다른 기회가 찾아온다. 늘 나와는 상관없다고 여겼던 기회가 다가온 순간 조용히, 묵묵히 변화해온 당신이 해야 할 것은 단지 그 기회를 놓치지 않는 것뿐이다.

6시 20분에 일어나서 카푸치노나 차를 마신 뒤 50분 정도 운동을 한다. 운동을 마치고 아침 식사를 하기 전 20분 정도 명상을 한다.

❧

아침의 명상은 하루를 잘 보내기 위한
정신적 준비 과정이다.
내가 어디에 있든 매일 문을 닫고 앉아서 호흡을 고른다.

❧

알람 소리는 나를 불안하게 만든다. 따라서 나는 아무 소리 없이 고요하게 하루를 시작한다. 그리고 떠오르는 태양을 보든 나무에 걸린 안개를 바라보든 더 큰 존재 안의 나의 존재를 느끼려고 한다. 이런 루틴을 통해 트위터가 아닌 진짜 새들이 지저귀는 소리를 듣는 특권을 누리게 됐다.

_오프라 윈프리Oprah Winfrey, 방송인[14]

chapter 10

발전은
혼자 하는 것

외로움은 자신에게 집중하라는 신호

나는 초등학교 2학년 때 뉴질랜드로 이민을 갔다. 그 전까지는 사립 초등학교에 다니며 원하는 건 뭐든 다 가질 수 있는 풍족한 환경에서 자랐다. 수학, 미술, 피아노는 물론 수영과 아이스 스케이트까지 배우며 부모님의 관심을 독차지했고 친구도 많았다. 나에게 주어지는 모든 것들이 너무 당연했기에 스스로를 '공주'라 착각하며 행복을 누렸다.

하지만 뉴질랜드에 간 뒤로 상황이 바뀌었다. 뉴질랜드는 사람과 문화, 교육 환경까지 우리나라와 모든 면에서 너무나 달랐다. 공부도 학원도 숙제도 없는 환경이 처음에는 낯설었지만 자유로워 좋기도 했다.

기쁨도 잠시, 얼마 지나지 않아 내가 좋아했던 자유가 외국인 취급에서 비롯됐다는 것을 깨달았다. 나는 영어를 못한다는 이유로 수업 시간에 장난감을 가지고 놀라는 특별 대우를 받았다. 그러자 같은 반 아이들이 나를 외계인 취급했다. 게다가 내가 알아듣지 못한다고 영어로 서슴없이 욕을 하며 놀렸다. 엄마가 정성스럽게 싸준 김치볶음밥 도시락에 냄새가 난다며 침을 뱉거나 쓰레기통에 내 도시락을 몰래 버린 적도 있었다. 한국에서는 모두 예쁘다고 해줬던 나의 공주 옷과 반짝거리는 신발도 맨발이 익숙한 뉴질랜드에서는 그저 놀림거리였다.

나는 싸우지 않았다. 피하고 눈치만 봤다. 나만 가만히 있으면 괜찮다고 생각한 것이다. 할 수 있는 일이 없기도 했다. 욕을 하는 아이들이 무섭다고 선생님에게 도움을 요청하면 아이들은 내가 먼저 때린 거라며 억울하게 누명을 씌웠고 이 때문에 교장실로 불려간 적도 한두 번이 아니었다.

같은 반 아이들뿐만 아니라 전교생이 나의 영어 발음과 생김새가 어떤지, 내가 점심에 어떤 한국 음식을 먹는지, 무슨 옷을 입었는지 일거수일투족에 관심을 두기 시작했다. 매번 눈치 보고 두려워하는 나의 모습 때문인지 따돌림 수위는 점점 높아졌다.

그때 내게 내세울 만한 건 아무것도 없었다. 나는 왜 키가 작으며 하얀 피부에 금발, 파란 눈을 가지지 않았고 영어를 못하는지 끊임없이 자책했다. 그리고 튀지 않기 위해 다른 아이들을 따라 하다 보니 점점 정체성을 잃어갔다.

나중에 다른 학교로 전학 가면서 친구가 한두 명씩 생기기도 했지만 쉽게 마음을 열지 못했다. 게다가 부모님이 사업으로 한국과 뉴질랜드를 왕래하는 횟수가 늘어나면서 나는 혼자 홈스테이를 하게 됐다. 부모님은 내가 뉴질랜드에서 영어를 배우고 적응해 독립적으로 살아남길 바랐다. 나의 삶은 항상 사랑받는 삶에서 외로움과 싸워야 하는 삶으로 바뀌었다.

이런 상황에서 외로움을 극복하는 방법을 알아내는 것이 내 인생의 첫 번째 미션이었다. 나에게 외로움이란 뾰족한 바늘 같은 존재였다. 바늘로 나를 찌르면 아프고 피가 나겠지만 그 바늘로 찢어진 옷을 꿰매면 구멍이 채워진다. 그렇게 외로움을 그저 일종의 컨디션이 좋지 않은 상태로 여기고 자기계발로 공허함을 채우는 방법을 체득했다. 이때부터 무엇이든 혼자 행동하는 습관이 생겼다.

어느 순간 나는 사람들에게 '항상 바쁜 친구'로 인식됐다. 청소년 때도, 대학교에 가서도 친구들과 달리 나는 그 어떤 무리에도 속해 있지 않았다. 그렇다고 교우관계에 문제가 있는 것은 아니었지만 친구들과 교감을 나누는 것보다 혼자 발전하는 일에서 더 큰 성취감을 느꼈다.

한 번도 외로운 적이 없었다면 거짓말이다. 그러나 아무리 외로워도 어느 정도 시간이 지나면 언제 그랬냐는 듯이 정신을 차렸다. 오히려 한 번씩 외로움에 휘둘릴 때마다 스스로를 돌아보고 자극을 받았다. 그렇게 외로움은 나를 아프게 하는 것이 아닌 나 자신에게 집중하라는 신호가 됐다.

만약 지금 외롭다고 느낀다면, 평소 외로움에 못 이겨 주저앉는 순간이 자주 온다면 이것은 자기 자신에게 집중할 기회일지도 모른다. 이 신호를 무시하지 말자.

혼자만의 발전을 두려워하지 마라

———

나는 춤을 굉장히 좋아한다. 10대 시절, 가수를 해보겠다며 오디션을 보러 다녔고 연습생이 돼 춤을 처음 접한 뒤 사랑에 빠졌다. 여러 이유로 가수의 꿈은 포기했지만, 대학교에 가서도 춤의 매력에서 헤어나오지 못해서 댄스 학원에 다니겠다고 마음먹었다. 그때는 학원에 혼자 가기가 왜 그렇게 두려웠는지 친구 한 명을 설득해 함께 수업을 들었다.

가벼운 마음으로 학원을 다녔던 친구와 달리 나는 배울수록 춤에 굉장히 진지해졌다. 수업 시작 30분 전부터 학원에 가서 연습할 정도였다. 멋있게 안무를 익혀서 영상을 찍는 것이 목표였기 때문에 최선의 노력을 다했다. 반면 친구는 막상 춤을 배워보니 적성에 맞지 않았는지 금방 흥미를 잃었다. 그래서 맛있는 저녁을 사줄 테니 일찍 나오라며 수업이 끝나고도 학원에 남아서 연습을 하는 나를 유혹하곤 했다.

나는 이런 상황이 굉장히 불편했다. 제안을 거절하면 친구를 섭섭하게 만들까 봐 마음이 편하지 않았다. 그렇다고 춤 연습 대신 맛있는 저녁을 먹으러 가면 나 자신과의 약속을 어겼다는 마음에 자책을 했다. 이런 날들이 이어지면서 결국 춤에 흥미를 잃어버렸다.

혼자 발전하기를 두려워하는 사람들이 있다. 과거의 나도 마찬가지였다. 공부할 때도 항상 누군가와 함께하는 것을 좋아했으며 혼자 학원을 다니거나 헬스장에 가는 것에 익숙해질 때까지 오랜 시간이 걸렸다. 무언가 배우고 싶어도 막상 홀로 학원에 가려니 어쩐지 쑥스러워 미룬 적도 있었고 나보다 실력이 우수한 사람에게 도움을 받아야 더 좋은 결과를 얻을 수 있다는 생각에 그 사람과 같이 시작할 타이밍을 기다리다 기회를 놓치는 경우도 많았다.

하지만 몇 번의 시행착오로 자기계발은 혼자 하는 것이란 불변의 진리를 깨달았다. 재미로 무언가를 배워보고 싶은 사람과 진지하게 자신을 발전시키고 싶은 사람이 똑같은 자세일 수는 없다. 만약 심심풀이로 새로운 일을 시도해보고 싶다면 친구와 함께 시작하는 게 어느 정도 도움이 되겠지만, 목표에 제대로 도전하고 싶다면 혼자서 시작해야 한다. 그래야 다른 사람의 의견에 휘둘리지 않고 나 자신에게 집중해 어떤 지점을 더 발전시켜야 하는지 찾아낼 수 있다.

•

사람들은 원래 자기가 가보지 않은 길에 부정적인 반응을 보인다. 누군가에게 조언을 구한다고 생각해보자. 지금 당신이 꿈꾸는 일을 이뤄본 적 없는 사람들은 "그 점수로는 불가능하다", "아주 어려운 일이니 시간 낭비 하지 말고 그만둬라", "현실적으로 생각해라"라고 할 것이다. 반대로 이미 그 목표를 이미 달성한 사람들은 "어렵지만 할 수 있다", "꼭 시도해봐라", "그만두는 대신 잠시 쉬어라"라고 말할 것이다.

우리는 꿈과 목표를 이루려면 다른 사람들과 동일한 방식과 속도를 유지해야 한다고 생각한다. 합격 후기나 성공담을 찾아본 뒤 그 글의 주인공과 스스로를 비교하곤 한다. 그리고 조금이라도 자신이 그들과 다르거나 자신에게서 그들보다 부족한 부분을 찾으면 자신감을 잃어버린다. 그들처럼 해낼 환경이 아니라는 이유로, 그들보다 시험 점수가 낮다는 이유로, 그들만큼 시간이 없다는 이유로, 그들보다 늦게 시작했다는 이유로 나의 성공 확률을 깎아내리기 시작한다.

나는 목표를 설정할 때마다 매번 자신감을 잃을 수밖에 없는 상황에 많이 놓였다. 주변 사람들이 보기에 비현실적인 목표와 꿈을 계획했기 때문이다. "너무 큰 기대는 하지 마", "목표를 조금 현실적으로 잡아보는 건 어때?"라는 소리를 많이 듣곤 했다.

외국에서 수영선수로 활동할 때, 시합에서 1등을 하고 싶다는 나에게 수영 대회에서 메달을 따본 적도 없는 주변 사람들은 "너는 상대 선수들보다 키와 체격이 작아서 불리해"라고 말했다. 또한 한국에서 학교를 1년밖에 다닌 적이 없는 내가 검정고시를 본다고 했을 때, 검정고시를 쳐본 적도 없는 주변 사람들은 "그게 만만한 시험인 줄 아느냐?", "한국어도 잘 못하는데 무슨 생각이야?"라고 걱정했다.

원하는 로스쿨을 가기 위해 LSAT 공부를 할 때도 그랬다. 수없이 시험을 봤지만 원하는 점수가 안 나왔던 나에게 변호사가 아닌 사람들은 "꼭 변호사가 아니어도 사는 데 문제없다"라는 위로를 건넸다. 아니면 나의 목표가 지나치게 높다며 눈을 낮추고 현실적으로 생각하라고 이야기했다.

변호사 시험에 합격한 뒤에도 비슷한 소리를 자주 들었다. 선배와 교수들에게 "경력이 없는데 대기업 변호사가 어떻게 돼?", "대기업은 우선 다른 곳에서 경험을 쌓은 다음에 들어갈 수 있어. 지금은 어려워"라는 이야기를 항상 들었다. 유튜브 채널을 운영해볼 거라고 했을 때도 나를 응원해주는 사람은 몇 없었다. 다들 영상을 편집하는 일이 쉽지 않을 것이라고 했다. 심지어 "시간 아깝게 그런 걸 왜 하느냐"는 사람들도 있었다.

나의 하루는 4시 30분에 시작된다

하지만 놀랍게도 다들 "어렵다", "힘들다", "시간 낭비다", "불가능할 것이다"라고 이야기했던 많은 것들이 지금의 나를 탄생시켰다. 다른 사람들의 이야기에 흔들리지 않고 혼자서 일단 시작해봤기 때문에 만들어낸 성과였다.

수영 대회에서 1등을 하기 위해 무작정 노력해보니 나의 단점이었던 작은 키와 가벼운 체구로 키가 크고 체격이 건장한 선수들보다 훨씬 더 빨리 속도를 낼 수 있다는 것을 깨달았다. 검정고시 역시 한국에서 1년밖에 학교를 다니지 않아 한국어에 서툴렀지만 막상 시험을 쳐보니 영어에서 점수를 많이 딴 덕에 평균 점수가 높아져 쉽게 합격할 수 있었다.

또한 원하는 로스쿨에 가려고 오랫동안 시험을 준비하면서 많은 좌절을 겪었다. 비록 친구들과 같은 방법은 아니지만 계속 노력해서 원했던 학교에 편입해 좋은 교육을 받을 수 있었다. 경력 부족으로 대기업에 취업하기는 힘들 거라는 선배와 교수들의 말과 달리 일단 지원해보고 면접을 봤더니 지금 대기업에서 사내 변호사로 활동하고 있다. 영상을 편집하는 게 어려울 거라는 이야기를 들었지만 한번 시도해보니 금방 배울 수 있었다. 게다가 지금은 구독자만 거의 15만 명에 달하는 유튜브 채널을 운영하며 매일 새로운 기회를 접하고 있다.

물론 사람들이 항상 부정적인 이야기만 하는 것은 아니다. 정말 유익하고 정확한 답을 알려주는 지인들도 있다. 그들의 의견을 귀기울이지 말라는 것이 아니다. 하지만 주변 사람들이 뭐라고 하든, 그들의 말이 사실이든 아니든 중심을 잃지 않으면 누구도 경험해보지 못한 특별한 경력을 쌓을 수 있다.

자기계발을 할 때는 "멀리 가려면 같이 가라"는 말이 적용되지 않는다. 진짜로 발전하고 싶다면 외부 소음을 차단하고 내 안의 자기계발 모드의 스위치를 켜야 한다. 우리는 모두 각자에게 적합한 학습 방식과 페이스가 있다. 그리고 너무 빠르지도, 느리지도 않게 나만의 속도에 맞춰 나가야 슬럼프에 빠지지 않고 꾸준히 발전할 수 있다.

최고의 경쟁자는 나 자신이다

나는 운동을 참 좋아한다. 어떻게 보면 살면서 공부보다 운동에 더 많은 시간을 투자했을 정도다. 다양한 운동 중에서도 수영을 가장 좋아해서 뉴질랜드 생활에 어느 정도 적응한 뒤에는 당시 거주하던 시에서 운영하는 수영 팀에 합류했다. 중학생 시절부터는 학교 운동부로 활동했다.

잠깐 언급했지만 나의 아침형 라이프스타일도 수영으로 인해 시작됐다. 초등학생 때부터 활동했던 수영 팀이 시합 시즌에는 꼭 새벽 훈련을 했기 때문이다. 새벽 훈련이 없는 날에도 아침 6시 30분부터 학교 수영장에서 수구와 넷볼 훈련이 있었기에(뉴질랜드에서는 새벽 활동이 워낙 활성화돼 있다) 나의 하루는 항상 오전 5시쯤 시작될 수밖에 없었다.

당시 나와 경쟁했던 아이들은 굉장히 키가 컸다. 어떻게 그렇게 빨리 성장하는지, 몇 개월 간격으로 시합에서 만날 때마다 키가 더 자라 있었다. 힘도 굉장히 세서 그 아이들이 물속에서 팔을 한 번 돌릴 때 나는 두 번 돌려야 비슷한 속도를 낼 수 있었다. 이렇다 보니 아무리 열심히 해도 항상 예선에서 탈락했다.

이런 인종간 신체적 차이는 당연한 일일 수도 있지만 당시 나는 시합을 마치고 항상 세상 끝난 듯 통곡을 했다. 이민을 오면서 언어 때문에 이미 또래보다 뒤처진다고 생각했는데 게다가 신체적으로도 밀린다는 사실이 너무나 괴로웠기 때문이다. 팀 코

143

치조차 나에게 큰 기대가 없어서 팀 경기에서 나는 언제나 제외당했다.

오기가 생겼다. '아무도 나에게 기대하지 않는다', '그들에게 나는 그저 영어도 못하고 체력도 모자른 외국인일 뿐이다' 같은 생각이 나를 더 자극하면서 승부욕이 강해졌다. 그래서 이를 악물고 훈련에 쏟아부었다. 등교 전 두 시간, 하교 후 저녁을 먹기 전 두 시간을 연습에 집중했다. 주말에는 고강도의 웨이트 트레이닝으로 근력을 키웠다. 숨을 쉬려고 고개를 들었다 다시 물에 들어오는 시간까지 단축하기 위해 숨 쉬는 것도 참았다. 그렇게 연습을 하다 갑자기 어지러워져 수영장 밖에 구토를 한 적도 많았다. 울기도 엄청 울었다. 그래도 멈추지 않았다. 다른 선수들이 좋은 신체 조건으로 속도를 내는 걸 만회하기 위해서 내가 할 수 있는 일은 연습과 노력밖에 없었다.

수영 대회가 또 시작됐다. 작년에 만났던 상대 선수들은 키가 더 자라 있었다. 여전히 나는 그들보다 한참 왜소했다. 200미터 자유형 시합에서 총소리가 울리고 있는 힘껏 점프해 차가운 물속으로 들어갔던 그 순간이 아직도 생생하다. 이번에는 정말 잘해보고 싶다는 생각이 들었다.

수영을 할 때는 앞으로 나가느라 정신이 없을 것 같지만 사실 옆의 선수가 어떻게 수영하는지 다 보인다. 발은 얼마나 세게 차고, 얼마큼 앞으로 갔는지, 어느 정도 지쳤는지 다 파악할 수 있다. 이번에도 다른 선수들이 수영하는 걸 보니 작년과 달라진 점은 아무것도 없는 것 같았다. 여전히 다른 선수보다 한 번 더 팔을 돌려야 했고 한 번 덜 숨쉬어야 했다. 그렇게 나는 옆 레인 선수를 의식하며 속도를 맞춰 나갔다.

그런데 갑자기 상대 선수의 속도가 느려지는 느낌을 받았다. 그에 따라 나 또한 속도가 점점 느려지고 있었다. 그런데 숨을 쉬려고 고개를 돌릴 때마다 코치님과 팀원들이 응원하며 소리를 지르는 모습이 보였다. 평소 나에게 관심조차 갖지 않던 그들의 열광적인 반응이 다소 당황스러워 '무슨 일이지?' 싶었다. 하지만 이내 생각을 멈추고 숨도 쉬지 않고 앞으로 질주했다. 옆 레인의 선수들이 시야에서 사라졌다.

아무도 보이지 않으니 겁이 났다. 얼마나 더 속도를 내야 하는지 감이 오지 않았다. 눈을 꼭 감고 마지막 10미터 정도를 온 힘을 다해 물살을 갈랐다. 도착점이 어디 있는지도 보이지 않았다. 평소와는 다른 속도로 앞으로 나아가고 있었다. 경쟁 상대가 사라지니 저절로 몸이 가벼워지는 느낌이었다.

탁 하는 소리와 함께 팔로 터치패드를 치고 나서야 눈을 뜨고 물 밖으로 얼굴을 내밀었다. 경기 전광판에 내 이름이 뜨는 동시에 환호가 들렸다. 1등이었다. 1등으로 본선에 진출한 것이다.

예선과 똑같은 방법으로 본선에서도 1등을 차지했다. 그렇게 스스로의 한계를 깬 뒤로 나는 모든 본선에 진출한 것은 물론 뉴질랜드 전국 청소년 수영 선수권 대회에서 항상 1, 2등을 다투는 선수가 됐다. 숨이 넘어갈 것 같은 순간에도 멈추지 않고 나의 한계점을 높이는 방법을 습득하자 내가 세운 기록을 깨고 또 깰 수 있었다. 잔혹하고 힘든 훈련의 보상이었다.

그때부터 나는 더 이상 그 누구와도 나 자신을 비교하지 않았다. 그전까지는 항상 옆 선수를 따라가는 데 집중하다 보니 옆 선수가 힘이 빠져 속도가 느려지면 나도 같이 느려졌고 내 한계를 넘어본 적이 없으니 스스로 얼마나 힘차게 나갈 수 있는지 알지 못했다. 그 누구도, 심지어 나조차도 몰랐지만 나는 누구보다도 훨씬 강하고 빠르다는 사실을 새롭게 깨달았다. 그리고 지금 걸어가는 길이 힘들고 어려울수록 더 큰 보상이 주어질 거라는 희망을 가지게 됐다.

'옆 사람 보지 말고 내가 나아가는 방향만 보고 질주하자.'

내가 힘들 때, 스스로를 다른 사람과 무심결에 비교할 때마다 외우는 주문이다. 최고의 경쟁자는 바로 나 자신이다. 다른 사람이 아닌 내가 가는 길만 보고 가자.

☀ 최고들의 아침 습관

나는 항상 일찍 일어나는 사람이다. 긍정적인 태도를 가지려고 하거나 건강을 관리하는 것처럼 일찍 일어나는 게 나의 습관이다. 세계 어디에 있든 5시에 일어나려고 노력한다. 출근하기 전 운동을 하고 가족들과 시간을 보낼 수 있기 때문이다.

✌

나는 새벽이 세계가 로그인하기 전에 밀린 소식을 따라잡고
이메일에 답장하기 좋은 시간이라고 생각한다.
이 시간이 나를 새롭고 체계적으로
하루를 시작할 수 있도록 만들어준다.

✌

인생은 리허설이 아니다. 그러니 하루하루를 최선을 다해 살아야 한다. 일찍 일어나는 것 자체는 당신이 열심히 일했으니 성공할 거라는 신호가 아니다. 그 시간에 무엇이든 할 수 있도록 당신 안의 잠재력을 이끌어내는 게 중요하다.

_리처드 브랜슨Richard Branson, 버진 그룹Vergin Group 회장[15]

chapter 11

마음의 여유를 만드는
마인드 미니멀리즘

마음에 공간을 만드는 방법

회사에서 '잔고'라는 단어로 2행시 짓기 이벤트가 열린 적이 있다. 내가 1등이 됐는데, 내용은 이랬다.

잔: 잔잔한 일에

고: 고생하지 마라

그냥 넘어갈 수 있는 일도 꼼꼼하게 검토하다 보니, 내 일도 아닌 일을 일일이 다 확인하고 수정하고 변경하다 보니 야근을 한 적이 있지 않은가? 꼭 회사 일이 아니더라도 정말 별일 아닌데 그냥 넘어가지 못하고 필요 이상으로 많은 시간을 투자한 경험이 한 번쯤 있지 않은가? 이렇게 우리는 잔잔한 일에 너무 많은 에너지와 시간을 낭비하곤 한다. 실제로 시간이나 에너지가 부족해서가 아니라 마음에 여유 공간이 없어서 늘 바쁜 것이다. 이럴 땐 마인드 미니멀리즘이 필요하다.

미니멀리즘은 불필요한 물건을 버리는 주의로 흔히 알려져 있다. 공간을 정리하는 것처럼 마음에도 미니멀리즘을 적용할 수 있다. 시간을 낭비하게 만드는 관계는 물론, 마음의 상처, 머릿속의 일, 어깨에 멘 짐까지 내려놓고 버리고 정리해 마음의 여유를 찾으면 큰 도움이 된다.

핸드폰에 불필요한 애플리케이션을 삭제해보자. SNS와 각종 메신저도 하나씩 정리해보자. 이렇게 평상시에 시간을 자주 허비하는 애플리케이션만 삭제해도 복잡한 마음이 조금씩 정돈이 된다. 나 역시 스스로에게 집중하기 위해 SNS 애플리케이션은 물론 카카오톡도 과감하게 삭제한 적이 있다. 처음에는 그룹 채팅은 어떻게 하나, 나에게 급하게 연락해야 하는 사람이 생기거나 중요한 소식을 놓치면 어떡하나 걱정이 많았다. 아마 미니멀리즘을 시도할 때 모두들 한 번쯤 거치는 고민일 것이다. 책장을 치우면 책을 어디다 꽂지? 이 물건이 나중에 필요할지도 모르는데 어떻게 하지?

하지만 쓸데없는 걱정이었다. 처음에는 내가 놓치는 게 있을까 봐 핸드폰을 계속 확인했지만 아무리 들여다봐도 알림이 뜨지 않는다는 사실에 익숙해지자 더 이상 아무것도 궁금하지 않았다. 내가 꼭 알아야 하는 일이 있으면 상대방이 어떻게든 연락을 취한다는 사실을 깨달았기 때문이다.

이렇게 하나씩 내려놓기에 익숙해지면서 나의 하루는 달라졌다. 불필요한 대화와 나를 흔들던 유혹들을 다 정리하니 삶이 여유로워졌다. 그리고 마음에 빈 공간이 생기자 당분간 해결되지 않을 걱정거리들도 전부 꺼내 정리할 수 있었다.

인간관계에도 미니멀리즘이 필요하다

인간관계 때문에 마인드 미니멀리즘을 실천하지 못하는 사람들이 많다. 다른 사람이 나를 어떻게 생각하는지, 반대로 나는 다른 사람을 어떻게 생각하는지에 지나치게 관심을 갖는 것이다. 하지만 마인드 미니멀리즘에 성공하려면 인간관계에도 반드시 정리가 필요하다.

내가 빠진 인간관계는 스스로에게 상처만 남길 뿐이다. 다른 사람들을 만족시키려고 하거나 그들의 의도가 무엇인지 알아내는 데 신경 쓰느라 시간을 낭비하고 있다면 과감히 그 관계를 정리해보는 것이 어떨까? 의미 없는 신경전, 잘 맞지 않았던 사람들과 힘들게 이어온 연을 정리하면 어지러웠던 마음이 한결 가벼워질 것이다.

사람들과의 관계를 전부 끊고 차단하라는 것이 아니다. 사람들에게 냉정하고 불친절하게 대하라는 것도 아니다. 그렇게 하지 않아도 미니멀리즘은 충분히 가능하다. 불필요한 대화와 에너지 소비를 자제하면 된다. 예를 들어 불평불만을 늘어놓는 혹은 일부러 시간을 빼앗는 걱정거리를 만들어내는 사람과는 가까이 지낼 필요가 없다. 부정적인 말이 부정적인 에너지를 생산하기 때문이다. 이런 사람과는 필요한 대화만 가볍게 나누는 것으로 충분하다.

오지랖을 부리는 것도 자제하는 편이 현명하다. 물론 진심으로 상대방이 걱정돼서 관심을 가지고 조언을 건넬 수도 있겠지만 굳이 자신의 에너지와 감정을 낭비하면서까지 남의 일을 신경 쓰지 않는 게 정신 건강에 좋다.

또한 상대방을 배려하느라, 상대방이 화를 낼까 봐 앞에서 못할 이야기는 뒤에서도 하지 말자. 당신이 뒤에서 어떤 사람에 대한 불만을 토로하면 듣는 사람은 처음에는 겉으로 공감해주겠지만 속으로는 '저 사람도 다른 사람 욕하는 걸 보니 똑같다'라고 생각할 것이다. 잠깐 후련해지더라도 그때뿐 아무것도 해결되지 않는다. 욕하는 시간만 낭비할 뿐이다.

마인드 미니멀리즘으로 내면이 튼튼해지면서 내 주변은 자연스럽게 마음이 건강한 사람들로 구성됐다. 나에게 상처를 주거나 힘들게 만드는 사람들과 거리를 두니 나를 존중해주는 사람들만 남았고, 비슷한 가치관을 가진 사람들과 좋은 인연을 새롭게 맺고 있다. 그러자 놀랍게도 인간관계가 아닌 다른 분야에서도 성과를 내기 시작했다. 시간과 에너지의 불필요한 소비가 나에게 얼마나 크게 영향을 미치는지 이제야 깨달은 것이다.

•

"유진 변호사님, 오늘 점심 약속 있으세요?"

"네! 오늘은 함께 식사하지 못할 것 같아요. 내일 점심은 괜찮은데…."

"아, 누구랑 약속 있으세요?"

"저와의 약속이요!"

내가 회사에서 동료들과 종종 나누는 대화다. 처음에 동료들은 나의 이런 반응에 당황했지만 요즘에는 잘 받아준다. 이렇게 내가 먼저 나의 시간을 우선시하면 다른 사람들도 나의 시간을 존중하게 된다.

저녁에 일본어를 공부하려고 했는데 갑자기 친구가 할 이야기가 있다며 함께 식사하자고 하거나, 칼퇴근을 하고 바로 요가 수업을 가려고 하는데 동료가 조금만 기다렸다 같이 나가자고 한다면 어떻게 하겠는가? 주말에 혼자 카페에서 여유롭게 책을 읽고 싶은데 우연히 만난 친구가 이야기를 나누자고 합석을 청하거나 점심시간에 헬스장에 가서 운동하려고 했는데 직장 상사가 같이 점심을 먹자고 한다면?

한때는 나도 "오늘은 약속이 있어, 내일은 어때?"라는 한마디를 꺼내는 일이 너무 어려웠다. "나 지금 급하게 해야 할 일이 있는데, 내일 이야기해도 될까?"라고 답하기가 왜 그렇게 미안하던지, "오늘은 일찍 들어가야 해"라고 말하는 게 왜 이렇게 쑥스럽던지, "팀장님! 오늘은 참석이 어려울 것 같습니다! 다음에는 꼭 함께하겠습니다"라고 이야기하는 게 왜 이렇게 눈치 보이던지 나도 나를 이해할 수 없었다.

이렇게 사소하지만 피할 수 없는 사회생활의 불편함 때문에 새벽 기상을 더 선호하게 됐는지도 모르겠다. 하지만 새벽에 자기계발을 한다고 인간관계에 문제가 없는 것은 아니다. 새벽 기상을 실천하다 보면 나중에는 이를 위해 회식은 물론 저녁 약속도 자제하게 되기 때문이다.

인간관계를 유지하는 데 지나치게 부담을 느끼지 말고 만남을 거절하는 어색한 상황도 새로운 삶의 방식에 적응해나가는 과정의 일부라고 여기는 게 좋다. 자신의 스케줄을 타인과의 만남보다 중요하게 여기는 것은 이상한 일이 아니다. 만약 누군가 나에게 '오늘은 할 일이 있어서 만날 수 없을 것 같아'라고 말했다고 생각해보자. 기분이 상하는가? 아마 그렇지 않을 것이다. 또한 반대로 내가 상대방의 입장을 생각해서 스케줄을 취소하고 함께 시간을 보낸다고 해도, 상대방은 내가 무슨 계획이 있었는지 모르기 때문에 딱히 고마움이나 미안함을 느끼지 않을 것이다.

자신의 스케줄을 우선순위에 둔다고 해서 이기적인 사람이 되는 것이라면 그냥 그런 사람이 돼도 괜찮다. 나에게도 간혹 "그렇게 사회생활 하는 거 아니야", "쉬엄쉬엄하고 오늘은 술 한잔하자"라며 훈수를 두는 사람들이 있다. 그리고 이들을 무시해도 아무 일도 일어나지 않았다. 애초에 모든 사람이 나의 목표와 계획을 이해하고 인정할 거라고 기대하지 않기 때문이다.

내가 무엇 때문에 상대방의 제안을 거절하는지 솔직하게 답하면 오히려 인간관계가 더 좋아질 수도 있다. 나 역시 함께 점심을 먹는 동료에게 "저 운동 시작했어요. 당분간 점심시간에 혼자 빨리 식사하고 운동하려고 해요"라고 말했더니 자신도 자극을 받았다는 이야기를 들었다. 매일 만나던 친구에게 "책을 써보고 싶어. 생각보다 오래 걸릴 것 같은데 당분간 연락이 뜸해도 이해해줄래?"라고 했더니 "책 나오면 꼭 살게! 도움이 필요하면 알려줘!"라는 답을 받았다. 저녁 모임을 자제하는 나를 섭섭해하던 친구에게는 "나 새벽에 일어나서 나만의 시간을 갖기로 했어. 나에게 너무 필요한 시간이어서 당분간은 일찍 집에 가서 자려고 해"라고 솔직하게 설명했더니 흔쾌히 "만날 준비가 되면 알려줘"라고 말해줬다.

순간의 즐거움을 나의 발전과 교환해서는 안 된다. 타인의 설득에 쉽게 휘말리는 삶은 결코 안정적일 수 없다. 나 역시 처음에는 다른 사람의 제안을 거절하지 않는 게 배려라고 생각했다. 하지만 곰곰이 생각해보니 그렇지 않았다. 그건 나보다 타인을 먼저 배려하느라 스스로에게 섭섭함을 느끼는 나 자신을 위로하기 위한 변명일 뿐이다.

☀ 최고들의 아침 습관

아침 5시 전후로 일어난다. 일어나서 한 시간에서 두 시간 삼십 분 정도 수많은 글을 읽는다. 일간지에서 경제지, 애널리스트 리포트 등 사람들이 뭘 말하는지 샅샅이 살펴본다. 하지만 온라인으로는 보지 않는다. 온라인에서는 내가 관심 있는 것만 읽게 되기 때문이다. 휴가 중에는 책을 읽기도 한다.

∽

7시가 되면 45분 정도 운동을 한다.

주로 에어로빅이나 가벼운 근력 운동, 스트레칭을 한다.

그 뒤에는 커피를 한잔 마신다.

아침에는 배가 별로 고프지 않기 때문에 식사는 하지 않는다.

∽

당신도 워크 라이프 밸런스를 유지할 수 있다. 당신의 마음, 몸, 건강, 영혼, 가족, 친구를 잘 관리하는 일은 당신의 몫이다. 다른 누군가가 아닌 바로 당신.

_제이미 다이먼Jamie Dimon, JP모건 체이스JPMorgan Chase 회장[16]

chapter 12

여기는 목적지가 아닌
관문이다

내가 하고 싶은 일이 뭘까?

앞서 잠깐 이야기하기는 했지만, 처음 한국에 왔을 때 나는 왠지 모를 답답함을 느꼈다. 정말 간절한 마음으로 원했던 미국 변호사 시험에 합격하고 한국에 돌아와서 안정적인 대기업에 취직했는데 이상하게 마음이 공허하고 때론 스스로가 안쓰럽기까지 했다.

분명 원하는 꿈을 이뤘는데 마음 어딘가 불안했다. 사회생활에도 잘 적응하지 못하는 것 같았다. 그래서인지 회사에서 해고당하거나 변호사 시험에 떨어지는 악몽을 종종 꿨다. 지금 생각하면 웃긴 일화지만, 자다가 가위에 눌려 귀신을 본 적이 있는데 그 귀신에게 '저기 귀신아, 나 지금 잘하고 있는 거니?'라고 물어

볼 정도였다. 물론 귀신은 아무런 대답도 해주지 않고 내 숨통을 조였지만 말이다.

우연히 새벽 4시 30분에 일어났던 날, 나의 일에 대해서 곰곰이 생각해봤다. 나는 비록 변호사라는 꿈을 이뤘지만 원래 하고 싶었던 일을 하지 못하고 있었다. 그리고 그 점이 나의 마음을 괴롭게 하고 있다는 사실을 깨달았다.

나는 학부 전공인 범죄학을 살려 직접 사건을 수사하고, 판사와 배심원들 앞에서 변론도 하고, 서면도 설득력 있게 작성할 줄 아는 형사 소송 전문 변호사가 되고 싶었다. 아니면 엔터테인먼트 업계에 진출해 음악, 그림, 영화와 관련된 모든 법적인 문제는 물론 아티스트들의 작품까지 보호할 수 있는 엔터테인먼트 전문 변호사가 되고 싶었다.

이렇게 변호사로서 하고 싶은 일이 두 가지나 있었음에도 불구하고 기업 변호사가 돼 전혀 다른 산업에서 일을 하고 있었다. 지난 몇 년간 다른 일을 할 것이라 기대하며 미국에서 경력을 쌓았고 열심히 공부했기에 한국에서의 변호사 생활이 당연히 만족스럽지 않을 수밖에 없었다.

살면서 하고 싶은 일을 전부 다 하며 살 수는 없다는 걸 머리로는 알고 있었지만 마음은 그렇지 않았다. 지금까지 살면서 한다고 마음먹은 일은 무엇이든 다 할 수 있다고 믿어왔는데 한국에서는 그러지 못하고 있었다. 그래서 나는 정말 어려운 결정을 내렸다. 나의 꿈을 잠시 보류하고 지금 내가 있는 이곳에서 다른 꿈을 그려보기로 한 것이다.

이렇게 생각을 바꾸자 지금 내가 이 자리에서 제대로 일을 하고 있는지, 내가 해야 할 일을 미루거나 받는 돈보다 더 적게 일하고 있지는 않은지 돌아보게 됐다. 내가 하는 일에 대한 가치도 다시 정의해볼 수 있었다.

멀리서 살펴보니 지금 다니는 회사에서도 다양한 업무를 익히고 좋은 기회를 접할 수 있다는 사실이 보였다. 이곳에서 쌓는 경력이 미국 변호사라면 한 번쯤 꼭 거쳐야 하는 과정이라는 점도 부인할 수 없었다. 게다가 지금 회사에서는 무엇보다도 내가 가지고 있는 실력을 충분히 펼칠 수 있었다. 이렇게 지금 하고 있는 일이 끝이 아니라 또 다른 길을 가는 하나의 관문이라는 생각을 하자 직장 생활에 여유와 즐거움이 생겼다.

꿈은 달라질 수 있다

———

처음 로스쿨에 입학할 때는 모두들 법조인이 되겠다는 같은 목표를 가지고 공부를 시작한다. 하지만 로스쿨을 졸업하고 난 지금 친구들을 돌아보면 모두 다른 삶을 살고 있다. 한 친구는 결혼하고 예쁜 아이를 낳아 주부로서 행복한 삶을 살고 있고, 또 다른 친구는 법조인이 적성에 맞지 않다며 서비스업계에서 영업을 하고 있다. 어떤 친구는 컨설턴트가 됐고 다른 친구는 직업 군인이 됐다. 모두들 로스쿨 성적이나 경력과는 무관하게 자신들의 행복을 찾아 떠난 것이다.

어렸을 때 무엇이 되고 싶었는가? 대통령이나 우주비행사, 과학자 등 다양한 답이 나올 것이다. 지금도 그 직업을 가지고 싶은가? 그런 사람도 있지만 아닌 사람도 많을 것이다. 꿈은 우리를 성장하게 만드는 원동력이지 한계점이 아니다. 모두 다른 길을 향해 떠난 나의 로스쿨 동기들처럼 그리고 처음 목표로 한 길과는 다른 길을 걷고 있는 나처럼 배움과 경험을 통해 꿈은 얼마든지 달라질 수 있다.

한 가지 목표에만 몰두하면 금방 지칠 뿐만 아니라 나에게 올 수많은 기회를 놓쳐버릴 수 있다. 지금 나의 앞날이 어떻게 뻗어 나갈지는 누구도 알 수 없다. 그리고 내가 지금 목표에 실패한 것인지 아니면 더 큰 목표를 향해 나가는 과정에 있는 것인지 역시 아무도 모른다.

그러니 어딘가 잘 풀리지 않아 답답할 때는 꿈도 달라질 수 있다는 걸 인정하고 스스로에게 보내는 신호를 꾸준히 관찰해보자. 의외로 쉽게 해답을 찾을 수 있을 것이다.

☀ 최고들의 아침 습관

아침 5시에 일어나 45분 정도 파워 워킹을 하며 그날을 계획한
다. 이때 비서와 연락을 하거나 후원자에게 감사 인사를 보내
거나 간밤에 있었던 소식들을 따라잡기도 한다. 운동이 끝나고
오전 9시 정도까지 신문 서너 개를 읽는다. 이때가 나에게는 이
미 정오와 같다.

෴

지난 몇 년간 아침 식사로 다크 초콜릿 아이스크림을 먹었다.
나는 이것이 모닝 커피와 다른 점을 모르겠다.
초콜릿 맛이 진하면 진할수록 좋다.

෴

우리에게는 발전의 여지가 많다. 우리 삶의 모든 측면이 우리가
어떻게 책임감을 가질 것인가의 대상이 돼야 한다.

_낸시 펠로시Nancy Peloci, 미국 연방하원의회 의장[17]

chapter 13

지금 작은 행복을
찾아 나설 때

어두운 곳에서 밝게 보이는 행복

"지금 행복하세요?", "언제 제일 행복하세요?"라는 질문을 받아본 적 있는가? 아마 이런 질문을 받으면 대부분은 '특별하게 행복한 일이 있는 것은 아니지만 그렇다고 지옥 같은 삶을 살고 있지도 않다'고 답할 것이다.

사람마다 행복의 정의는 각자 다르겠지만, 예전에 나는 하고 싶은 일을 다 하는 게 행복이라고 생각했다. 갖고 싶은 건 다 갖고 내 몸이 편해야지만 행복한 줄 알았다. 하지만 지금은 하기 싫은 일도 해보고, 어쩔 수 없이 해야 하는 일도 겪어봐야 진정한 행복을 느낄 수 있다는 것을 깨달았다.

예를 들면 이렇다. 매일 아침 일찍 일어나서 회사에 갈 준비를 하고 붐비는 대중교통을 타고 출근하는 삶이 썩 그렇게 행복하지 않을 수 있다. 하지만 온종일 스트레스를 받으면서 일한 뒤 집에 돌아와서 씻고 침대에 누워 쉬는 그 짧은 순간은 너무나 행복할 것이다. 스스로 밝게 빛나는 것들은 어둠이 있어야 찾을 수 있다. 마찬가지로 원하지 않지만 어쩔 수 없이 해낸 그 순간들이 있기에 다른 곳에서 행복을 느낄 수 있는 것이다.

만약 지금 삶이 지루하게 느껴진다면 정말 딱히 좋은 일이 없어서일 수도 있지만 일상의 소소한 행복을 인지할 시간이 없기 때문일 수도 있다. 이런 행복은 아주 작아서 일부러 찾으려고 노력하지 않으면 보이지 않는다.

사람들이 주중에 '현생'을 사느라 아무리 힘들어도 주말에는 몸을 일으켜 자기계발을 하고 친구를 만나고 운동을 하고 취미 생활을 즐기는 이유도 전부 비슷한 맥락이 아닐까? 나름의 행복을 찾기 위해 시간을 투자하는 것이다. 이처럼 평소 공부, 직장 생활 등 억지로 무언가를 하고 있다면 그 시간 외에 자신만의 행복을 느낄 수 있는 시간을 가져야 한다.

이렇게 찰나의 시간이라도 나를 힘들게 하는 일상에서 벗어나 마음속의 행복을 인지하는 데 집중하면 삶이 바뀐다. 아무리 어려운 일이 있어도, 기분이 우울하고 현실이 즐겁지 않아도, 해야 할 일을 하는 시간과 자신이 행복해질 수 있는 시간을 분리하는 습관을 길러보자.

행복을 미루지 말자

변호사가 되기 위해 공부할 때, 나는 많은 일들을 합격 이후로 미뤘다. '지금은 공부해야 하니까', '내일 또 수업 들으러 가야 하니까', '다음 주에 시험이니까' 하며 건강, 즐거움, 휴식 등 나를 행복하게 만드는 좋은 일은 모두 사치라고 여겼다.

당시 나에게 제일 중요한 건 오로지 변호사가 되는 것이었다. 공부할 때는 바빠서 운동을 못했지만 변호사가 되면 운동을 열심히 해서 살을 빼고 건강을 되찾을 것이라 믿었다. 그동안 해보지 못했던 취미 생활과 자기계발을 즐길 수 있는 여유도 생길 것이라 생각했다.

또한 지금은 공부 때문에 가족, 친구들과의 연락을 다 끊었지만, 직장인이 되면 사랑하는 사람과 더 많은 시간을 보낼 수 있을 것이라 믿었다. 원하는 시험에 합격해 취직하고 돈을 벌기 시작하면 그때부터 내가 원하는 삶을 살 수 있을 것이라 자신했다.

그런데 현실은 그렇지 않았다. 우선 공부에는 끝이 없었다. 앞으로 어떤 직종에 있든지 조금이라도 더 성장하려면 계속 공부해야 했다. 수험 생활로 내가 터득한 것은 공부의 끝이 아닌 공부를 조금 더 쉽게 하는 법일 뿐이었다.

또한 지금 운동을 하지 않는 사람이 바쁜 직장인이 돼서 운동을 할 리가 없었다. 저녁에는 야근과 회식으로 운동할 시간을 내기 힘들었고, 어쩌다 일찍 퇴근해도 몸이 피곤해 운동을 미루게 됐다. 그렇게 계속 미루고 미루다 일주일에 한 번 꾸역꾸역 운동을 했지만 언젠가부터 이렇게 운동하는 것은 몸을 더 지치게 만들 뿐 건강에 아무런 소용이 없다는 생각이 들어 아예 시도조차 하지 않게 된 것이다.

취미 생활이나 자기계발도 마찬가지다. 취미 생활과 자기계발의 즐거움을 모르는 사람이 돈을 번다고 갑자기 그걸 알게 될 리는 없었다. 직장인의 취미 생활은 상사와 함께 다닐 골프밖에 없으며 자기계발은 회사 업무에 필요한 엑셀, 파워포인트, 워드 프로그램을 공부하는 일이 전부였다.

인간관계 역시, 공부한다고 소중한 주변 사람들과 연락을 소홀히 한 사람이 직장인이 돼서 갑자기 다정해질 리가 없었다. 가족과의 관계도 1년에 한두 번 만나 부모님에게 용돈을 주면 도리를 다했다고 생각할 게 뻔했다.

이런 사실을 깨닫고 나는 더 이상 '이걸 하고 나면'이라고 생각하며 인생에 필요한 작은 행복을 미루지 않게 됐다. 원하는 시험에 합격하고 좋은 직장을 얻는다고 해서, 꿈꿔온 목표를 달성한다고 해서 지금의 자신과 크게 달라지는 건 없다.

행복을 찾는 구체적인 방법

나는 새벽에 행복을 많이 느낀다. 출근해서는 분명 일로 인해 스트레스도 받을 테고 실수하면 혼도 날 것이고 매번 내가 원하는 대로 일이 진행될 수 없기 때문에, 새벽에 갖는 나만의 시간을 통해 소소한 행복을 느낀다.

하지만 꼭 새벽에만 행복을 찾을 수 있는 것은 아니다. 작은 행복을 발견하는 방법은 굉장히 많다. 그렇게 거창하거나 어렵지도 않다. 그러니 이번 기회에 스스로 행복을 느낄 수 있는 시간을 만들어보길 바란다.

우선 평소 짜증나고 스트레스 받는 공간과 환경에서 나를 분리해 행복한 시간을 만들어보자. 예를 들어 매일 공부하고 일하느라 한 공간에 틀어박혀 있다면 다른 공기를 마시는 것만으로도 기분이 좋아질 수 있다. 컴퓨터와 책에서 잠시 눈을 떼고 상쾌한 산 공기를 마시며 등산을 해보는 건 어떨까? 아니면 멀리 나갈 필요도 없이 조용한 새벽에 방에서 향초를 피워보는 것도 괜찮다.

만약 시험이나 취업 준비 등 지금 중요하게 달성해야 하는 인생의 목표가 있어 긴 시간을 할애하기가 어렵다면 그 꿈을 위해 노력하는 시간을 제외하고 하루에 딱 한 시간만 자신에게 투자해보자. 중요한 일에 비중을 더 두되 아주 짧게라도 '꿈을 이루고 나면'이라고 미뤄둔 일들을 해보는 시간을 가져보는 것이다.

스스로 '행복하다' 혹은 '감사하다'고 느끼는 순간들을 리스트로 만들어보고 그 순간이 자주 일어날 수 있도록 플래너에 계획해보는 것도 추천한다. 순간의 행복을 수동적으로 인지하는 게 아니라 직접 나를 행복하게 만드는 시간을 연출하는 것이다. 맛

있는 케이크를 먹을 때 행복을 느낀다면 그날의 스케줄에 케이크 먹기를 써넣고 자전거를 탈 때 행복을 느낀다면 자전거 타기를 적어도 된다.

'지금은 시간이 없다' 혹은 '나중에 성공하면 할 것이다'라고 생각하는 버릇이 생기면 너무 금방 지쳐 꿈에서 멀어질 수 있다. 지금 당장 행복을 찾아 나서자. 건강을 챙기고 운동하는 습관을 기르고 삶에 즐거움을 주는 취미를 갖고 소중한 사람들과 추억을 쌓아야 지금 목표를 달성한 뒤 다음 목표를 향해 바로 나아갈 수 있다.

☀ 최고들의 아침 습관

나는 아침 4시 30분에 일어난다. 그리고 체육관에 간다. 운동을 할 때는 오래 할수록 빠져들게 된다. 결과를 직접 체감하면 더 높은 레벨로 자신을 밀어붙이게 된다.

❧

아침 식사로는 스크램블드 에그와 칠면조 소시지,

신선한 자몽을 먹는다.

건강한 다이어트는 박탈이 아닌 균형과 절제에 달려 있다.

나는 아이들에게 가능한 모든 식사에

과일과 야채를 먹으라고 이야기한다.

그러면 피자나 아이스크림을 먹어도 괜찮다는 것이다.

문제는 보상이 습관이 될 때 생긴다.

❧

나의 매일 최우선 과제는 신체적으로든 정신적으로든 나 자신을 행복하게 만들어주는 것이다. 모든 루틴은 이 하나의 목적으로 연결돼 있다.

_미셸 오바마Michelle Obama, 전 영부인[18]

PART 4

인생을 바꾸는
모닝 플래너

chapter 14

내가 변호사 시험에
합격한 비결

다시 도전하게 해준 시간 계획표

조지아주 변호사 시험 결과가 나오는 날, 수시로 새로 고침 버튼을 클릭하며 컴퓨터 앞에서 온종일 결과를 기다렸다. 당시 나는 미국 조지아주 연방 법원에서 1년간 계약직으로 일을 하고 있었고 그날은 중요한 재판이 예정된 날이었다. 법정의 진행 상황을 보고해야 했기에 떨리는 손을 감추고 일에 최대한 집중하려고 노력 중이었다.

그때 이메일이 하나 도착했다. 시험 결과였다. 심장이 내려앉았다. 첫 문단에 적힌 점수를 보고 바로 불합격임을 깨달았다.

이 소식을 누구에게 먼저 어떻게 알려야 할지 막막했다. 지금 함께 일하고 있는 판사님이 날 내쫓으면 어떻게 하지? 한국으로 다시 돌아가야 하나? 다음 주에 잡힌 로펌 면접은? 앞으로 공부할 시간은 더 부족할 텐데 나의 미래는 어떻게 되는 걸까? 아무런 판단이 서지 않고 두려움이 앞서 눈물이 차올랐다.

내 표정을 보고 결과를 예측한 것인지 바로 옆에 앉은 판사님이 점심을 먹고 다시 모이자는 말과 함께 재판을 중단했다. 그리고는 나를 포함해 함께 일하는 모든 직원을 방으로 불렀다.

"오늘은 특별히 내가 맛있는 점심을 사주겠어!"

울먹이는 나를 위로하기 위해 판사님이 운을 뗐다.

"유진, 위로가 될지 모르겠지만 미국 대통령 영부인 미셸 오바마도 시험에 합격하지 못한 것 알고 있니? 지금 함께 일하는 판사님들 중 변호사 시험을 세 번이나 보신 분들도 계신단다. 이 시험 결과가 너의 인생을 결정하지 않아."

하지만 아무런 위로가 되지 않았다. 나는 결국 그 자리에서 통곡해버리고 말았다. 판사님이 나를 안아주며 말을 이었다.

"오늘은 일찍 집에 가서 실컷 울고, 마음이 안정되면 다시 출근해서 일에 집중하자. 나는 네가 고작 시험 하나로 무너질 아이가 아닌 것을 잘 안단다."

판사님의 따뜻한 위로에도 마음은 크게 나아지지 않았다. 지난 몇 년간 청춘을 바쳐 열심히 공부했는데 불합격했다. 도대체 어떻게 된 일인가? 철저하게 준비했고 나름 합격할 자신도 있었기에 더욱이 결과를 믿을 수 없었다. 모든 계획이 무산되고 더 이상 미래가 보이지 않았다. '시험이 뭐 대수인가?' 하고 쿨하게 넘어가려다가도 '이렇게 오랫동안 준비하고 불합격했는데 무슨 변호사야'라고 다시 바닥을 찍었다. 도저히 기분이 안정되지 않았다.

결국 나는 나 자신에게 2주의 유예 시간을 주기로 했다. 그 시간 동안은 출근하는 걸 제외하고 아무 데도 외출하지 않았다. 매일 방에서 스스로에게 벌이라도 주듯 멍하니 넋을 놓고 생각에 잠겼다.

머릿속으로 여러 가지 상황을 그려봤다. 만약 내가 여기서 시험을 포기한다면 할 수 있는 것은 무엇인가? 다시 로스쿨 3년 치 내용을 공부해야 한다는 사실보다 두려운 점은 공부할 시간이 부족하다는 현실이었다. 비자를 유지하기 위해 직장을 그만둘 수도 없는 상황이었다. 재시험을 친다면 일하는 시간을 제외한 나머지 시간에 공부해야 했다. 할 수 있을지 의문이 들었다. 아무리 기존에 공부한 내용을 다시 복습한다고 해도 한 번의 실패를 겪었으니 기존의 공부법은 과감하게 버려야 했다.

185

•

　2주간 고민한 끝에 나는 다시 정신을 차리기로 마음먹고 다음 시험을 접수했다. 친구들은 이미 다 변호사가 됐다. 나만 또 뒤처지는 것 같은 느낌이 들었지만 나만의 주문을 외웠다.

　"동기들이랑 비교하지 말고 내가 가는 길에만 집중하자, 집중하자, 집중하자…."

　선택의 여지가 없었다. 정말 최악의 상황이었기 때문에 다시 정신 차리는 일 외에는 딱히 할 수 있는 것도 없었다. 그렇게 한 번만 더 나를 믿고 다시 일어나보기로 했다.

　다시 시험을 치기로 결심한 날, 퇴근 후 근처 문구점에 가서 큰 흰색 도화지 세 장을 구입했다. 거기에 예상치 못하게 바뀐 내년의 계획표를 그렸다. 그리고 화장실, 거실, 침대 바로 옆 벽에 각각 붙였다.

　다음 시험까지는 3개월밖에 남지 않았다. 하루에 주어진 공부 시간은 출근 전 세 시간, 점심 한 시간, 퇴근 후 네 시간, 이렇게 여덟 시간뿐이었다. 이렇게 1분 1초가 소중하다는 걸 매일 상기시키고 싶었다. 구체적인 목표는 이랬다.

1월: 뉴욕주 변호사 시험 공부

2월: 뉴욕주 변호사 시험

3월: 일에 집중하기

4월: 뉴욕주 변호사 시험 결과 나오는 날(난 합격할 것)

5월: 조지아주 변호사 시험 공부(재도전)

6월: 뉴욕주 변호사 선서

7월: 조지아주 변호사 시험

8월: 한국으로 귀국

9월: 휴식 및 취업 준비

10월: 조지아주 변호사 시험 결과 나오는 날(난 합격할 것)

11월: 조지아주 변호사 선서

12월: 취업

그해 11월부터 다음해 1월까지 조지아주 변호사 시험이 아닌 뉴욕주 변호사 시험에 도전하기로 계획했다(미국의 변호사 시험은 각 주별로 처야 한다). 조지아주보다 뉴욕주 변호사 자격증이 조금 더 인지도가 높아 이직할 때 아무래도 더 도움이 될 것이라 생각했기 때문이다.

미국 변호사 시험은 총 이틀에 걸쳐 각 섹션마다 세 시간 동안 시험을 치른다. 그래서 한 번 앉으면 세 시간은 기본적으로 공부하는 습관을 길렀다. 그 시간 동안에는 화장실도 가지 않았고 물도 마시지 않았다.

새벽에는 전날 공부한 내용을 복습하고 당일 공부할 내용을 예습하는 방식으로 세 시간 정도 공부했다. 그리고 예습한 내용을 잊지 않기 위해 주제별로 메모장에 중요한 내용을 적어 들고 다니며 출퇴근 시간과 점심시간에 달달 외웠다. 퇴근 후에는 허겁지겁 저녁을 먹고 기존 기출 문제를 푸는 방식으로 네 시간을 더 공부했다.

이렇게 일과 공부를 병행하며 하루에 여덟 시간을 공부하다 보니 건강이 악화되고 살이 10킬로그램이나 쪘다. 눈의 초점도 잘 맞지 않았고, 깨끗했던 피부에 여드름이 나고 트러블이 생겨 가만히 있어도 피가 흘렀다.

시험을 한 달 앞두고 나는 결국 심한 우울증을 겪으며 불안 증세를 보였다. 이렇게 살다가는 죽을 것 같았다. 그래서 새벽에 공부를 하는 대신 근처 공원에서 조깅을 하기 시작했다. 그러자 기대보다 집중이 더 잘됐다. 그전까지 공부할 시간에 다른 일을 하면 시험에 떨어질 것 같다는 불안감이 들었는데, 사실 그런 생각이 나를 더 약하게 만들었던 것이었다. 공부와 일만 해야 하는 지옥 속에서 새벽 운동이 유일한 탈출구가 돼줬다.

•

그렇게 2월이 되고 눈 깜짝할 사이에 시험 날이 다가왔다. 마지막 순간까지 정신줄을 꽉 잡고 공부에만 매달렸다. 그리고 시험 일정에 맞춰 뉴욕행 비행기 표와 시험장 근처의 숙소를 예약했다. 공부만 해도 힘들어 죽겠는데 이런 것까지 신경을 써야 한다니 스트레스가 극에 달했다. 아무튼 이틀간 무사히 뉴욕주 변호사 시험을 치렀다.

시험 결과를 기다리는 두세 달 동안은 일에만 집중했다. 시험 공부를 하느라 일에 소홀했다는 죄책감을 느꼈기 때문이었다. 3월에 있었던 생일도 파티를 하지 않고 조용히 보냈다. 합격하기 전까지는 즐거울 자격이 없다고 생각했다. 도대체 뭐가 그렇게 불안했던 걸까?

어느덧 4월이 됐다. 분명 시험 결과가 나오는 날인데 오후 7시가 넘도록 이메일이 오지 않았다. 지인에게 물어보니 이미 결과

189

를 받은 사람들도 있었다. 혹시 이메일 주소를 잘못 입력한 건 아닌지 걱정스러웠다. 저녁에 먹은 식사가 체한 것 같아 소화제까지 챙겨 먹었다. 함께 결과를 기다리던 친구, 가족, 동료들에게 문자 메시지가 쏟아졌다. 애써 불안감을 잠재우기 위해 침대에 누웠지만 정신이 말똥말똥했다.

2017년 4월 26일, 저녁 11시가 넘어 시험 결과가 도착했다. 이미 합격한 친구들의 말로는 첫 문장에 "축하합니다!CONGRATULATIONS!"라고 써 있다기에 그 단어만 찾았다. 그렇지만 그 단어는 없었다. 또 떨어졌구나 싶어 정신이 아찔해졌다. 천천히 통지서를 다시 읽어봤다.

"뉴욕주 법률 심사위원회는 당신의 합격을 축하합니다…The New York State Board of law Examiners congratulates you on passing…"

합격이었다. 얼마나 오랫동안 기다린 소식인가. 눈물이 멈추지 않았다. 변호사가 됐다는 기쁨보다 잘 시간을 쪼개고 불안을 견디며 힘든 시간을 홀로 이겨낸 스스로에게 고마웠다. 누구에게도 의지하지 않고 끝까지 잘 이겨냈으니 앞으로는 어떠한 고난도 다

극복할 수 있을 것 같았다. 지금 돌이켜보면 그 고통스러운 시간이 선물이었다. 이런 경험이 없었더라면 내가 얼마나 강한지 깨달을 수 없었을 테니 말이다.

•

비록 계획보다는 늦게 합격했지만 나는 계획한 대로 뉴욕주 변호사가 됐다. 조지아주 변호사 시험은 왜 떨어진 건지 의문이 들 정도로 점수도 높았다.

이미 뉴욕주 변호사가 됐으니 굳이 조지아주 변호사 자격증에 미련을 가질 필요는 없었지만 다시 도전해보기로 다짐했다. 나를 떨어트린 그 시험이 얼마나 대단한 시험인지 직접 부딪쳐보기로 한 것이다. 아쉬움이었을까, 미련이었을까 아니면 나도 모르는 사이 더 강해진 것일까? 무엇 때문인지는 모르겠지만 지난 몇 달간 자투리 시간만 잘 활용하면 일하면서도 충분히 공부할 수 있다는 걸 직접 경험해서인지 전처럼 두렵지는 않았다.

뉴욕주 변호사 시험을 잘 준비한 덕에 조지아주 변호사 시험 준비는 생각보다 수월했다. 시간에도 여유가 있었고, 다른 주로 가야 하는 것도 아니어서 부담도 적었다.

그렇게 한국으로 귀국하기 한 달 전, 드디어 시험 날이 다가왔다. 조지아주 변호사 시험은 한 번 불합격한 기억이 있어 평소보다 긴장됐지만, 이미 뉴욕주 변호사 자격증을 취득했기에 즐거운 마음으로, 나를 떨어트린 시험관에게 복수라도 하듯 여유 있게 시험을 봤다. 그리고 한국으로 돌아와 결과를 기다렸다.

결과는 역시 합격이었다. 처음부터 조지아주 변호사 시험에 합격했으면 나는 아마 지금과 다른 길을 걷고 있었을 것이다. 그 길이 얼마나 더 좋을지는 모르겠다. 하지만 한 번에 합격한 사람들보다 조금 더 고통스러웠던 시간을 경험한 보상으로 미국 두 개 주의 변호사 자격증을 거머쥐었다.

정말 시간이 없는 걸까?

───────

"너무 바빠서 시간이 없어요", "회사 다니는 것만으로도 충분히 바빠서…", "수업도 들어야 하고, 아르바이트도 해야 해서요"라고 하소연하는 사람들을 많이 만난다. 딱히 하는 건 없는 것 같은데 왜 항상 시간이 부족한 걸까? 분명 계획한 대로 실천했는데도 왜 쫓기는 기분이 드는 걸까?

아니, 우리에게 정말 시간이 없는 걸까? SNS를 둘러볼 시간은 있는데 책을 읽을 시간은 없다면, 친구 만나서 다른 사람 욕할 시간은 있는데 운동할 시간은 없다면, 할 일은 쌓여 있는데 느긋하게 커피 마시고 쉴 시간은 있다면 시간이 부족한 게 아니다. 시간을 만들지 않은 것이다.

'오늘은 지하철에서 꼭 책을 읽어야지'라고 다짐하며 가방에 책을 챙기고는 결국 출근길 지하철에서 핸드폰만 쳐다본 적은 없는가? '오늘은 꼭 헬스장에 가야지'라며 운동복까지 준비해놓고 친구와 수다 떠느라 운동을 미룬 경험이 있지 않은가? 빨리 퇴근하고 남는 시간에 취미 생활을 즐겨보겠다고 다짐했지만 6시가 다 돼 부랴부랴 그날의 업무를 처리하느라 아무것도 시작하지 못했다면 시간이 없는 것이 아니다. 할 일을 미루는 데 익숙한 것이다.

내가 다시 변호사 시험에 도전하기로 결심했을 때 제일 먼저 한 일은 공부를 위해 얼마나 시간을 낼 수 있을지 계산하는 것이었다. 바쁘게 느껴지는 일상도 자세히 들여다보면 낭비되는 시간이 분명 있다. 다만 그 시간을 채집하는 데 익숙하지 않은 것뿐이다.

SNS와 뉴스 기사를 그만 들여다보면 하루에 서너 시간은 벌 수 있다는 걸 알지만 핸드폰을 내려놓는 일이 어색하다 보니 그 마저도 확보하지 못한다. 친구와 하던 대화를 중단하고 헬스장에 가면 되는데 먼저 자리에서 일어나는 것에 익숙하지 않아 밤새 수다를 떤다. 즉, 해야 할 일을 빨리 끝내고 남는 시간을 활용하면 되는데 계획을 실천하는 것보다는 미루는 데 더 적응돼 있다 보니 진짜 무언가를 할 때가 되면 바빠지는 것이다. 나와의 약속을 지키는 데 서툴기 때문이다.

우리의 몸은 습관대로 움직인다. 일상적이지 않은 행동을 하려면 관성을 극복하기 위해 평소보다 더 적극적인 추진력과 의지력이 필요하다. '오늘은 꼭 해야지!'라는 마음가짐 하나만으로는 자기계발은 물론 어떠한 목표도 달성할 수 없다. 우리에게는 그날의 계획을 실천할 수 있도록 만들어줄 환경과 동기가 필요하다.

이 모든 건 스스로 찾아야 한다. 그러려면 먼저 작은 성공이 필요하다. 사소한 목표라도 하루하루 달성해보고 '생각보다 어렵지 않네?', '막상 해보니 뿌듯하다', '몇 개월만 해보면 금방 할 수 있겠어!' 등 자신감을 심어주는 긍정적인 경험을 해봐야 한다는 뜻이다. 매번 시간이 없다는 핑계로 일일 목표를 미루면 실패의 경험만 쌓여 아무것도 할 수 없다.

작은 성공을 맛보기 위해 플래너에 업무 외의 시간을 비워두지 말고 나 자신과의 약속을 채워 넣어보자. 그리고 당분간은 그 약속을 지키는 것이 습관이 될 수 있는 환경을 만들어보자. "오늘 잠깐 만날 수 있어?" 같은 연락을 받으면 과감하게 거절하고 책 한 줄을 읽어보자. 친구와 수다를 떨고 싶을 땐 음악을 들으며 나에게 집중하는 시간을 가져보자. 딱히 할 일이 없을 때는 SNS를 염탐하지 말고 자신의 방, 컴퓨터 폴더, 핸드폰 사진첩 등 매일 보는 곳을 정리해보자. 이렇게 작은 변화의 움직임이 곧 일상이 될 수 있다.

스케줄만 잘 짠다고 없던 시간이 저절로 생기는 건 아니다. 자신이 직접 주도하고 통제하는 삶을 가져야만 원하는 스케줄을 가질 수 있다. 조금씩 맛본 변화가 동기를 부여하고 이것이 나만의 중심을 만들어준다. 시간이 없는 게 아니다. 시간은 만들어야 하는 것이다.

☀ 최고들의 아침 습관

계절에 따라 나의 기상 시간은 달라진다. 겨울에는 3시에, 다른 계절에는 보통 5시에 일어난다. 알람이 울리기 전 눈을 떠서 부엌으로 가 물, 오렌지 주스, 커피 등을 마신다. 그리고 밤새 온 이메일과 SNS의 새로운 글, 뉴스를 읽는다. 단 일과 관련된 메시지를 먼저 보내지는 않는다.

오전 6시 30분이 될 때까지 큰 창문 앞에서

고양이를 어루만지며 일출을 감상한다.

7시가 되면 15분 정도 출근할 준비를 하고

8시 30분까지 직장에 도착한다.

사업을 시작하고 나서부터 새벽 3시 30분에 일어나서 다시 잠들지 않게 됐다. 금융 위기 때조차도 그랬다. 다른 기업가들과 마찬가지로, 비슷한 하루가 이틀을 간 적이 없었다. 일상에서 유일하게 일관된 스케줄은 기상 시간뿐이다. 방해를 받지 않고 생각할 수 있다는 점에서 새벽은 가장 생산적인 시간이다.

_샐리 크로첵Sallie Krawcheck, 엘레베스트Ellevest CEO[19]

chapter 15

나의 하루는
4시 30분에 시작된다

잠들기 전, 내일을 위한 준비

앞서 이야기했듯 새벽 기상은 전날 밤부터 시작된다. 다음 날 계획을 어떻게 세웠고 몇 시에 잤는지에 따라 아침이 달라지기 때문이다.

나는 하루를 마무리하기 전 그날의 스케줄을 돌아본다. 나의 플래너에는 오늘은 몇 시에 기상해서 무엇을 했고 언제 출근했는지 그리고 이동 중에는 무엇을 했는지까지 써 있다. 출근해서는 어떤 업무를 끝냈는지, 점심시간에는 무엇을 했는지, 퇴근 후에는 무엇을 했는지도 확인한다. 그리고 전날 작성한 리스트에서 오늘 한 일을 두꺼운 검정 펜으로 줄을 그어 지워버린다.

나는 일기를 쓰거나 있었던 일을 꼼꼼히 기록하는 성격이 아니다. 내일은 어떠한 하루를 보낼 거라고 다짐하지도 못한다. 그저 단순하게 오늘은 무슨 일을 해야 했는지, 해야 할 일을 다 끝냈는지, 더 하고 싶은 일은 없는지 체크할 뿐이다. 그리고 만약 오늘 해야 할 일을 끝내지 못한 걸 발견하면 그 순간에 바로 해치워버리거나 내일 '꼭 해야 하는 리스트'에 적어놓기도 한다.

이렇게 나는 한 주의 일과를 점검하는 용도로 플래너를 사용한다. 이 과정을 통해 오늘 할 일을 열심히 했는지 아니면 게으르게 보냈는지 알 수 있다. 그리고 플래너에 쭉 나열돼 있는 일정이 전부 지워지면 내일도 잘할 수 있을 것 같다는 자신감을 얻는다. 이때 검은 펜으로 목록을 지워버리면 다시 볼 수 없으니 기록용으로 플래너를 사용하고 싶다면 연한 볼펜으로 줄을 긋거나 항목 옆에 표시를 하는 게 좋다.

오늘 한 일을 다 돌아본 뒤에는 내일 새벽부터 저녁까지 해야 할 일을 작성한다. 이 일을 다 해내겠다고 나와 약속을 하는 것으로, 4시 30분 기상, 출근 준비, 출근하기, 아침 먹기 등 당연한 일과까지 전부 적는다. 사소한 내용도 리스트로 만들면 하루를 돌아볼 때 많은 일을 해냈다는 뿌듯함을 느낄 수 있다.

만약 아침에 일찍 일어나 특별히 할 일이 없다면 여러 가지 선택지를 작성한다. 예컨대 컨디션이 좋으면 운동을 하고 그렇지 않으면 책을 읽고 싶다면, '운동 or 독서'로 작성하는 것이다. 이렇게 다음 날 아침 상황에 따른 옵션을 제공하면 새벽 기상에 부담을 덜 느낄 수 있다.

만약 특별한 약속이나 해야 할 일이 정 없으면 일이 생길 때까지 기다리지 않고 플래너에 새로운 일정을 채워 넣는다. 친구와 약속을 잡듯이 나 자신과 약속을 만드는 것이다. 평소 해볼까 생각만 해온 취미 생활도 좋고 책상 정리, 방 청소, 옷장 정리 등 단순 업무도 좋다. 가령 나는 그날의 일정과 무관하게 책 읽기, 우편물 부치기, 핸드폰 케이스 주문하기, 이메일 회신하기 등으로 하루를 계획한다.

이때 중요한 건 플래너를 시간별로 세세하게 작성하지 않는 것이다. 그러면 새로운 약속이 생기거나 스케줄이 변동돼도 큰 문제가 생기지 않는다. 서점을 가야 한다고 치면 '저녁 6시 30분에 서점 가기'라고 쓰지 않고 '서점 가기'까지만 쓴 뒤 점심시간이든 퇴근 후든 짬을 내서 서점에 가는 것이다. 이렇게 전날 밤에 내일 할 일을 적어두면 아침에 일어나야 하는 이유와 내일에 대한 기대감이 생긴다. 구체적인 나의 일일 리스트는 이렇다.

날짜	X 월 X 일	월 화 수 목 금 토 일

목표 / 다짐	자투리 시간
오늘도 나와의 약속을 지키자!	– 책 읽기

메모

내일도 잘할 수 있을 것 같다. 내일은 어떤 하루가 될까?

주어진 시간	4	5	6	7	8	9	10	11	12	1	2
활동 시간	추가 자유 시간			이동 시간	오전 업무				점심시간		
To Do List	– 새벽 4시 30분에 기상 – 나만의 시간 준비 – 책 읽기 or 영상 편집하기 – 출근 준비 – 아침 먹기								– 점심시간에 운동하기 – 빼빼로 데이: 빼빼로 사먹기 – 알라딘 서점 들르기		

202

기상 시간		4	시	30	분	☀️🌙	취침 시간		10	시	00	분

REMINDER

- 서점 가서 플래너 살펴보기
- 핸드폰 케이스 주문하기

3	4	5	6	7	8	9	10	11	12	1	2	3
오후 업무				이동 시간	자유 시간			취침 시간				

- 오후 업무
- 이동 시간 중 책 읽기 or 이메일 회신
- 저녁 먹기
- 유튜브 편집하기
- 책상 정리하기
- 머리 염색하기(집에서)
- 핸드폰 요금 내기
- 나이트 루틴(스킨케어)

플래너를 다 작성하면 잠자리에 든다. 4시 30분에 기상하기 위해서는 충분한 수면 시간을 확보하는 게 좋지만, 일부러 너무 일찍 잘 필요는 없다. 아무런 목적 없이 유튜브를 보거나 SNS를 구경하느라 11시가 넘도록 깨어 있는 게 아니라면 내 몸이 편한 시간 언제든 자도 괜찮다. 이 시간은 내일 나와의 약속을 지키기 위해 준비하는 시간이지 스마트폰을 들여다보면서 휴식을 취하는 시간이 아니라는 걸 반드시 기억하자.

새벽에 일어나서, 나만을 위한 순간

4시 29분, 알람이 울린다. 사실 원래 4시 30분에 알람을 맞추고 잤는데, 유튜브 채널을 운영하면서는 4시 30분에 알람이 울리는 장면을 촬영해야 하기 때문에 1분 이른 4시 29분에 일어나곤 한다. 이 1분이 아침에는 굉장히 큰 차이가 있다. 알람 메시지는 항상 '일어나라, 삶이 바뀐다'로 지정한다. 매일 일어나면서 이 문구를 읽는 건 아니지만, 몸이 너무 무거워 일어나기 싫을 때 메시지가 머리를 훅 치고 지나가기도 한다.

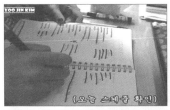

1. 전날 밤 플래너를 확인하고 알람이 울리면
5초 안에 일어난다.

알람이 울리기 시작하고 내 머릿속에서는 싸움이 일어난다. '조금만 더 잘까?', '새벽에 일어난다고 뭐가 달라질까?', '오늘은 저녁에 약속도 없는데 아침에 할 일을 퇴근하고 할까?' 수많은 생각이 든다. 몇 년간 4시 30분 기상을 실천해왔지만, 아직도 자연스럽게 갈등은 계속된다. 그때마다 나는 '회사 가는 버스에서 자자', '지금만 힘든 거야, 세수하고 커피 마시면 괜찮아', '지금 일어나서 영상 편집해야 저녁에 업로드할 수 있잖아' 하고 더 자자는 달콤한 유혹에 반박한다. 그리고 자리에서 일어난다. 이 모든 대화를 하는 데 5초도 걸리지 않는다.

2. 일어나자마자 세수하고 가볍게 스킨 케어
를 한 뒤 차를 우린다.

　새벽에 일어나는 것만큼 힘든 싸움은 없다. 이 전투에서 승리
하면 어떠한 일도 해낼 수 있다. 다짐한 대로, 계획한 대로 오늘
의 목표를 달성할 수 있다. 나중에 낮잠을 잔다고 해도 지금은
일어나는 것이 우선이다.

　일어나면 바로 화장실로 가서 양치질과 세수를 한다. 점심시
간에 운동 계획이 없는 날에는 샤워도 한다. 매일 반복적으로 하
는 행동이다 보니 모든 과정을 세세하게 기억하지는 못한다. 그
만큼 침대에서 나오기만 하면 자동으로 시작되는 루틴이자 오늘
하루가 시작됐음을 스스로에게 알리는 신호탄이다.

씻은 뒤에는 건조한 피부에 화장품을 발라 수분을 채워준다. 특별한 피부 관리법은 따로 없다. 그저 아침에 무리 없이 실천할 수 있도록 최대한 간단하고 편한 방법을 이용할 뿐이다.

이렇게 어느 정도 정돈을 한 뒤에는 부엌으로 향한다. 아침에 마시는 차 한잔은 내가 아침에 일어나는 것을 즐기는 이유 중 하나다. 가끔 커피를 마시기도 하지만 웬만하면 식전에는 피하고 있다. 대신 과일 차, 꿀 차, 노니 차, 허브 차 등 그때그때 컨디션에 맞게 다양한 차를 우려 마신다. 마시고 나면 몸이 따뜻해지고 혈액 순환이 잘 되는 느낌이 드는데, 이 습관 때문에 해외 출장을 가면 그 나라에서만 파는 차를 사 오게 됐다.

따듯한 차를 타 방으로 돌아와 좋아하는 음악을 들으며 책상 앞에 앉는다. 그리고 오일 버너나 아로마 포트를 이용해 향을 피워 집중력을 높일 준비를 한다. 새벽 온도는 항상 쌀쌀하기 때문에 족욕기로 발을 데우기도 한다. 그리고 어젯밤 적어놓은 플래너를 살펴보며 하루를 시작한다.

나의 새벽 루틴은 최대한 불편함을 느끼지 않도록 짜여 있다. 아침 일찍 일어나는 것만으로도 피곤한데 지나치게 에너지를 많이 소비하는 일정을 끼워 넣거나 너무 복잡한 일을 하면 새벽 기

3. 새벽에는 스케줄을 점검하고 자유롭게 좋
아하는 일을 한다.

상이 힘들어지고 그날 하루가 피곤해지기 때문이다. 반면 간단하

지만 나를 소중하게 대접하면 아침 일찍 일어나는 일에 거부감

이 없어지는 것은 물론 스트레스를 해소하고 지친 마음을 위로

할 수 있어 새벽 시간이 기다려지기까지 한다.

새벽 4시 30분부터 출근을 준비하기 전까지는 오롯이 나만의

시간이다. 이때는 유튜브에 올릴 영상을 편집하기도 하고, 운동

하거나 책을 읽기도 한다. 밀린 업무를 처리하거나 최근 관심이

가는 새로운 일에 도전해보기도 한다. 요즘은 포토샵, 그림 그리

기 등 다양한 온라인 수업에 관심이 있고 조만간 그래픽 디자인

나의 하루는 4시 30분에 시작된다

4. 두 번째 알람이 울리면 간단하게 출근 준비를 시작한다.

에도 도전해보고 싶다. 무엇을 하든 4시 30분에 기상하면 한 시간 삼십 분 정도의 자유 시간이 생긴다. 이 시간은 생각보다 빨리 지나간다. 그만큼 집중이 잘되기 때문이다.

6시가 되면 또 알람이 울린다. 가끔 새벽에 너무 집중력이 높아져 시간 가는 줄도 모르고 일을 할 때가 있기 때문에 알람을 맞춰놓았다. 알람이 울리면 여유롭게 출근 준비를 한다. 통근 버스가 6시 30분쯤 오기 때문에 15분간 옷을 갈아입고 가방을 싼다. 화장과 액세서리 착용은 3분 안에, 최대한 간단하게 마치고 집을 나선다.

출근하고 나서, 또 다른 나 김유진 변호사

———

나는 버스에서 스마트폰을 보지 못할 만큼 멀미가 심한 편이다. 그래서 보통 음악을 듣거나 오디오북을 듣는다. 그러다 보면 어느 순간 깜빡 졸 때도 있다. 새벽에 일찍 일어나서 의미 있는 시간을 보냈으니 이 시간에는 꼭 무언가를 해야 한다는 부담 없이 마음 놓고 푹 쉬려고 한다.

회사에 도착하면 오전 근무 시작 전에 동료들과 함께 아침 식사를 한다. 일찍 일어나는 만큼 아침은 거르지 않고 꼭 먹는 편이다. 그리고 따뜻한 믹스 커피 한잔을 마신 뒤 양치질을 하고 오전 업무를 시작한다.

회사에서는 기업 변호사로서 법률자문은 물론, 국제계약, 협상, 소송·중재 등 다양한 해외 업무를 맡아 처리하고 있다. 출근 전에 나만의 시간을 가진 덕분에 업무 시간에는 온전히 일에만 전념할 수 있는 집중력을 발휘한다.

5. 멀미가 심해 출근길에는 오디오북을 듣는
   다. 점심시간에는 운동을 하고 간단하게
   점심을 먹는다.

점심시간, 나의 건강은 영순위

점심시간에는 전날 계획한 대로 운동을 한다. 원래
는 집 근처의 헬스장을 다녔지만, 퇴근 후에는 너무 지쳐서 제대
로 운동을 하지 않는다는 점을 인정하고 점심시간을 두 시간으
로 변경해 회사 근처 헬스장을 등록했다. 아무래도 아침을 든든
하게 먹다 보니 점심에 배가 고프지 않을 때가 많은데, 운동으로
열심히 몸을 움직이면 어느 순간 허기가 진다. 그럼 회사로 다시
복귀하기 전에 혼자 카페에서 샌드위치로 간단히 점심을 먹거나

211

구내식당을 이용하기도 한다.

동료들과 함께 식사할 때도 있다. 대부분 미리 약속한 것이라 이런 날에는 운동을 새벽이나 저녁에 하기로 계획을 세운다.

갑자기 일이 몰리거나 일정이 생겨 점심에 운동을 가지 못할 때도 물론 있다. 그런 날은 퇴근 후 운동을 간다. 이렇게 상황에 맞춰 일일 스케줄을 조절하기도 하는데, 시간과 순서만 달라질 뿐 일일 목표로 정한 운동은 웬만해선 빠지지 않으려고 노력한다. 건강이 영순위이기 때문이다.

퇴근 후, 남는 시간

────

퇴근 후부터 취침하기 전까지는 보통 네 시간이 남는다. 하지만 두 시간 정도 되는 이동 시간과 저녁 시간을 제외하고 지친 몸으로 할 수 있는 일은 많지 않다. 집에 오면 오후 8시쯤 되는데, 저녁을 먹고 잠시 숨을 돌리면 어느덧 9시가 훌쩍 넘어버리기 때문이다.

이 시간은 하루를 마무리하는 시간으로, 침대에 눕기 전 나만의 저녁 루틴을 시작한다. 편안한 옷으로 갈아입고 미세먼지와 노폐물 등으로 건조해진 눈과 피부를 관리하면서 텔레비전을 시청하거나 음악을 들으며 휴식을 취한다. 오늘도 수고한 나 자신에게 선사하는 특별한 선물이다. 딱히 피곤하지 않거나 지치지 않는 날에는 좋아하는 일인 영상 편집을 한다. '퇴근하고 집에 와서 무엇을 또 하나' 싶겠지만 나는 스스로에게 즐거움을 줄 수 있는 일은 모두 휴식이라고 생각한다.

10시쯤 침대에 눕기 전에는 플래너를 확인하고 내일을 위한 준비를 한다. 이렇게 나의 하루는 나로 시작하고 나로 끝난다.

4시 30분에 일어난다. 다른 사람보다 먼저 일어났다는 승리감이 좋기 때문이다. 알람은 세 개를 맞춰놓는다. 전자시계, 배터리 시계, 태엽 시계. 하나만 있어도 되지만 예비용이다. 일어나서 빠르게 샤워를 한 뒤 손목시계 사진을 찍어 트위터에 올린다. 이렇게 하면 나 자신과 다른 사람들에게 자극을 줄 수 있다.

전날 밤 골라놓은 옷을 입고

체육관에 가서 한 시간 정도 운동을 한다.

그날 날씨에 따라 해변으로 가서

수영을 하거나 서핑을 하기도 한다.

6시쯤 운동을 끝내면 샤워한 뒤 출근해서 일을 시작한다.

배가 고프지 않아 식사는 가볍게 견과류로 대체한다.

모두가 4시에 일어날 필요는 없다. 중요한 사실은 언제든 일어
나서 움직이는 것이다.

_조코 윌링크Jocko Willink, 네이비씰 최우수 지휘관[20]

chapter 16

하루를 주도하는
플래너 작성법

시간은 공평하다

하루 24시간은 모두에게 동일하게 주어진다. 하지만 이 시간을 사용하는 방법은 각자 다르다. 어떤 사람은 많은 일을 하면서도 여유로운 하루를 즐기고, 어떤 사람은 별로 하는 게 없는데도 정신없이 바쁜 하루를 보내곤 한다. 왜 이런 차이가 일어나는 걸까?

여유로운 하루는 시간에 끌려 다니느냐 아니면 내가 시간을 장악하느냐에 달려 있다. 세상에 시간을 멈출 수 있는 사람은 (아마도) 없다. 시곗바늘은 내가 관리하지 않아도 흘러가게 돼 있다. 따라서 나의 목표와 그 목표를 달성하기 위해 해야 할 일을 제대로 파악하고 나에게 얼마큼의 시간이 주어졌는지, 자투리 시간을 얼마나 더 확보할 수 있는지 확인해 스케줄을 주도해야 한다. 이를 위해 내가 주로 활용하는 방법은 바로 플래너를 작성하는 것이다.

새벽 기상을 본격적으로 실천하기에 앞서, 나의 일일 스케줄을 한눈에 볼 수 있는 차트를 만들면 낭비되는 시간을 찾는 데 많은 도움이 된다. 출장이 있거나 특별한 계획이 있지 않은 한 나의 일상은 매일 비슷비슷하다. 아마 대부분이 그럴 거라고 생각한다. 학생이라면 매일 수업을 들을 것이고 직장인이라면 회사에 출근할 것이다. 이렇게 내가 자의적으로 조절할 수 없는 시간, 조절할 수 있는 시간, 이동하는 데 사용되는 시간을 분리해보면 어디서 자투리 시간을 확보할지 파악할 수 있다.

지금부터 내가 실제로 작성하는 플래너를 살펴보며 더 자세하게 설명하겠다. 여기서 중요한 점은 시간별로 일과를 지정하는 것이 아니라 새벽, 오전, 점심, 오후, 퇴근 후로 분리해 해야 할 일을 배정해야 한다는 것이다.

STEP 1. 기상 시간부터 취침 시간까지 살펴보기

먼저 일어나서 잠들 때까지 내가 몇 시간을 사용할 수 있는지 살펴보자. 24칸으로 나눠진 이 긴 바는 내가 실제로 사용하는 플래너의 일부다.

	↱ 오늘 내가 일어난 시간																							
주어진 시간	4 AM	5	6	7	8	9	10	11	12	1	2	3	4	5	6	7	8	9	10	11	12	1	2	3
활동 시간																								

나의 하루는 새벽 4시 30분에 시작되고 저녁 10시쯤에 끝난다. 8시에 출근하는데 4시 30분부터 하루를 기록할 필요는 없다고 생각할 수도 있다. 하지만 이 차트는 단순히 업무를 기록하는 메모장이 아니라 원하는 스케줄을 실천할 수 있도록 도와주는 플래너이기 때문에 기상 시간부터 표시한다. 이렇게 내가 일어난 시간부터 24시간을 한 시간 간격으로 적어보자. 오후에 교대 근무를 하는 사람이라면 이런 식으로도 만들 수 있을 것이다.

주어진 시간	6 PM	7	8	9	10	11	12	1	2	3	4	5	6	7	8	9	10	11	12	1	2	3	4	5
활동 시간																								

STEP 2. 조정할 수 없는 시간 표시하기

앞서 말했듯이 나의 출근 시간은 오전 8시고 퇴근 시간은 저녁 6시다. 즉, 8시부터 6시까지 열 시간 동안은 회사에 있어야 해서 조정이 불가능하다는 뜻이다.

〈STEP 1〉에서 그린 표에 조정할 수 없는 시간을 따로 표시해보자. 출장을 가거나 업무가 갑자기 몰려 예상치 못하게 야근을 해야 할 때도 있지만 자주 있는 일은 아니기 때문에 이런 특수한 경우는 제외하고 매일 반복되는 일정을 체크한다.

이렇게 업무나 수업 등으로 고정해놓은 시간 아래에는 관련된 할 일To Do List 을 작성한다. 이 시간 외에는 특별한 약속이 있지 않으면 자발적으로 확보할 수 있는 시간이다. 하루의 많은 시간을

주어진 시간	생략	8	9	10	11	12	1	2	3	4	5	6	생략
활동 시간		오전 업무				점심시간		오후 업무					
To Do List		– 업무 관련 최신 소식 공유 – 이메일 회신 – 계약서 검토 – 기안 상신				– 점심 먹기 – 운동하기		– 유관 부서 미팅 – 해외 법인 미팅 – 팀 회의					

매일 똑같이 사용하는 것이 지루하게 느껴질 수도 있지만 시간
이 변동되지 않아 원하는 대로 루틴을 짤 수 있다는 장점도 있
다. 나는 고정해놓은 시간에 해야 할 일을 제때 끝내지 못해 다
른 시간을 빼앗기지 않도록 시간 내로 끝내야 할 일 위주로 리스
트를 만든 뒤 최대한 다 달성하려고 노력한다.

한편 앞서 말했듯이 우리 회사의 점심시간은 두 시간이다. 이
시간에 할 수 있는 일은 굉장히 많다. 나는 이 시간에 영상 편집
을 배우기도 했고, 컴퓨터 프로그래밍을 온라인 강의로 들어본
적도 있다. 이것저것 시도하다 유튜브 채널도 운영하게 됐다. 요

즘에는 주로 운동을 하는데 배가 안 고플 때는 먼저 한 시간 삼십 분 동안 운동하고, 남는 삼십 분 동안 식사를 하며 휴식을 취한다.

나와 달리 점심시간이 한 시간인 직장인들도 많을 것이다. 몇 시간이든 간에 점심시간에 무엇을 할 수 있을지 한번 고민해보자. 직장인의 특성상 동료들과 함께 식사하는 경우가 잦다면 그 시간은 즐거운 친목 시간으로 남겨둬도 된다.

반면 만약 점심시간을 혼자 보내는 경우가 많다면 간단하게 점심을 먹고 일일 목표 중 하나를 달성할 수도 있을 것이다. 예컨대 그날 서점을 가야 하거나 우체국에서 우편물을 부쳐야 한다면 점심시간을 활용해보자. 그렇게 자투리 시간에 일과를 끝내놓으면 하루가 조금 더 여유로워질 것이다.

한 가지 팁이 있다면 매일 점심시간을 똑같이 보낼 필요는 없다. 하루는 동료와 함께 점심을 먹고 커피를 마시며 시간을 보내고, 다른 날에는 혼자 빨리 점심을 먹고 운동을 하거나 책을 읽는 등 다양한 변주를 두는 것이다. 그러면 일주일이 지겹지 않을 뿐만 아니라 지치지 않고 자기계발을 할 수 있다.

STEP 3. 남는 시간 중 활용 가능한 시간 확보하기

이제 나에게 자유 시간이 얼마나 있는지 알아볼 차례다. 앞서 작성한 표에서 고정돼 있는 시간부터 잠들기 전까지 몇 시간을 확보할 수 있는지 체크해보자.

나의 경우 보통 아무 스케줄이 없는 날에는 6시에 퇴근해서 10시에 잠들기 전까지 네 시간 정도의 자유 시간을 확보할 수 있다. 이 중 식사 시간과 이동 시간 두 시간을 제외하면 순수한 자유 시간은 두 시간이다.

전날 밤에 플래너를 쓸 때는 특별한 약속이 없어도 이 시간에 해야 할 일을 채워 넣는다. 이 시간을 내가 주도하는 시간으로 만들고 싶기 때문이다.

여기서 중요한 점은 할 일을 시간별로 지정하지 않는 것이다. 직장인으로 살다 보면 퇴근 후 집에 와서 씻고 저녁을 먹고 조금 쉬다 보니 8시가 되는 날이 비일비재하다. 그런데 전날 7시 30분부터 8시 30분까지 일본어 공부하기를 계획해뒀다면 어떨까? '이미 30분 늦었으니 내일 하자'라고 생각하게 된다. 반면 취침하기 전까지 자유롭게 할 일을 완료한다는 식으로 계획을 짜면 큰

주어진 시간	생략	8	…	11	12	1	2	…	6	7	…	10	생략
활동 시간		오전 업무			점심시간		오후 업무			자유 시간			
To Do List		- 업무 관련 최신 　소식 공유 - 이메일 회신 - 계약서 검토 - 기안 상신			- 점심 먹기 - 운동하기		- 유관 부서 미팅 - 해외 법인 미팅 - 팀 회의			- 저녁 먹기 - 영상 편집하기 or 책 　원고 쓰기 - 퇴근 길 책 읽기 - 잘 준비하기			

부담이나 귀찮음을 느끼지 않고 목표를 달성할 수 있다.

또한 해야 할 일을 리스트로 작성할 때는 비현실적으로 너무 많이 적지 않는 게 좋다. 빠르게 달리다가 지쳐서 번아웃이 올 수도 있기 때문이다. 평소 미뤄둔 한두 가지 일만 끝내도 자연스럽게 내일은 달라질 수 있다. 그렇게 내가 짠 스케줄에 어느 정도 적응이 되면 하나둘씩 일과를 늘리는 것도 좋은 방법이다.

나는 이동 시간도 적극적으로 활용하려고 노력한다. 아침에는 버스를 타기 때문에 멀미가 나서 글자를 잘 못 읽지만 퇴근할 때는 지하철을 타기 때문에 괜찮다. 그날 해야 할 일 중 '책 읽기' 혹은 '이메일 회신하기' 등이 있으면 이때 일정을 끝내기도 한다.

•

    이렇게 항상 퇴근 후 네 시간의 자유 시간을 확보할 수 있다면 좋겠지만, 야근을 해야 하거나 회식 또는 저녁 약속이 있다고 하는 날도 분명 있을 것이다. 꼭 직장인이 아니더라도 피할 수 없는 저녁 스케줄이 생기는 경우는 흔하다. 이런 날에는 어떻게 일정을 짜는 것이 좋을까? 야근한 날과 회식 또는 지인과의 저녁 약속이 있는 날의 플래너를 예로 들어 설명하겠다.

    지난 몇 달간, 나의 플래너를 살펴보니 내가 퇴근 후 자유 시간에 가장 많이 한 일은 야근, 지인과의 약속, 운동, 취미 생활, 공부, 원고 집필, 휴식, 이렇게 일곱 가지였다. 그중 야근, 지인과의 약속은 어쩌다 드물게 일어나는 스케줄이었고, 취미 생활, 공부, 원고 집필, 휴식은 거의 고정된 스케줄이었다. 이렇게 저녁에 해야 할 일을 작성할 때는 빈 시간을 활용해 꼭 실천하겠다고 마음먹은 일과 그날만 특별히 일어나는 일을 구분해서 작성하는 것이 좋다.

    먼저 내가 자기계발을 위해 꼭 하겠다고 마음먹은 일, 즉 운동, 취미 생활, 공부, 휴식 등은 고정으로 작성한다. 내가 예시로 든 플래너의 경우 '퇴근길 책 읽기'와 '잘 준비하기'가 고정돼 있다.

		고정돼 있는 시간							남는 시간			
주어진 시간	생략	8	···	11	12	1	2	···	6	7	···	10	생략
활동 시간		오전 업무			점심시간		오후 업무			자유 시간		
To Do List		－ 업무 관련 최신 소식 공유 － 이메일 회신 － 계약서 검토 － 기안 상신			－ 점심 먹기 － 운동하기		－ 유관 부서 미팅 － 해외 법인 미팅 － 팀 회의			－ 저녁 먹기 － 영상 편집하기 or 책 원고 쓰기 － 퇴근 길 책 읽기 － 잘 준비하기		

이렇게 내가 저녁 시간에 고정으로 할 일을 작성해놓을 경우, 저녁에 충분한 자유 시간을 확보하지 못하더라도 이 일만은 꼭 하고 자겠다는 마음이 생긴다. 또한 퇴근 후에 쉬고 싶어져도 '시간이 비었으니 놀아야지'라고 생각하지 않고 고정된 일은 당연히 해야 하는 일로 여겨 목표를 달성할 확률이 높아진다.

이외에 한 가지 더 일정이 변동되는 경우가 있다. 앞서 내가 점심시간을 활용해 운동을 한다는 이야기를 기억할 것이다. 어렸을 때부터 운동을 해서 그런지, 나는 매일 운동을 하지 않으면 어딘가 좀이 쑤신다. 그런데 점심에 동료와 약속이 생겨 운동할 수 없

나의 하루는 4시 30분에 시작된다

━━━━━━━━━━ **〈야근하는 날〉** ━━━━━━━━━━

		고정돼 있는 시간						남는 시간			
주어진 시간	생략	8 … 11	12	1	2 … 6			7 … 10			생략
활동 시간		오전 업무	점심시간		오후 업무			자유 시간			
To Do List		− 업무 관련 최신 소식 공유 − 이메일 회신 − 계약서 검토 − 기안 상신	− 점심 먹기 − 운동하기		− 유관 부서 미팅 − 해외 법인 미팅 − 팀 회의			− 저녁 먹기 (샐러드 사오기) − 야근 업무 (프로젝트 A 검토, 보고서 작성하기, 계약서 검토 끝내기) − 퇴근길 책 읽기 (《Love does》 끝내기) − 잘 준비하기 (얼굴 팩 하기, 11시 전에는 잠들기)			

━━━━━━━━━━ **〈회식 있는 날〉** ━━━━━━━━━━

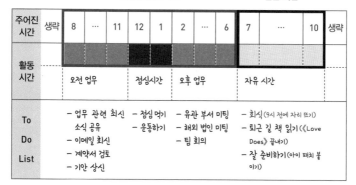

		고정돼 있는 시간						남는 시간			
주어진 시간	생략	8 … 11	12	1	2 … 6			7 … 10			생략
활동 시간		오전 업무	점심시간		오후 업무			자유 시간			
To Do List		− 업무 관련 최신 소식 공유 − 이메일 회신 − 계약서 검토 − 기안 상신	− 점심 먹기 − 운동하기		− 유관 부서 미팅 − 해외 법인 미팅 − 팀 회의			− 회식 (9시 전에 자리 뜨기) − 퇴근 길 책 읽기 (《Love Does》 끝내기) − 잘 준비하기 (아이 패치 붙이기)			

227

		고정돼 있는 시간						남는 시간			
주어진 시간	생략	8 ··· 11	12	1	2 ··· 6			7 ··· 10		생략	
활동 시간		오전 업무		점심시간		오후 업무		자유 시간			
To Do List		- 업무 관련 최신 소식 공유 - 이메일 회신 - 계약서 검토 - 기안 상신	- 점심 약속		- 유관 부서 미팅 - 해외 법인 미팅 - 팀 회의			- 운동하기 - 저녁 먹기 - 퇴근 길 책 읽기 (《Love Does》 끝내기) - 잠 준비하기(아이 패치 붙이기)			

는 날이 가끔 있다. 그럴 때는 그날 스케줄에 따라 운동 스케줄을 저녁으로 옮겨서 조금이라도 시간을 확보해두려고 한다.

STEP 4. 추가 자유 시간 확보하기

살다 보면 많은 일이 생각한 대로 되지 않을 때가 많다. 퇴근 후 지친 몸을 이끌고 만원 지하철을 타고 집에 와서 씻고 저녁을 먹으면 아무것도 하기 싫은 날이 얼마나 많은가? 갑자기 생기는 약속은 왜 이렇게 많은지, 매번 거절하는 것도 눈치 보여 저녁만 먹고 헤어지자고 다짐해도 마음대로 되지 않을 때가 많다.

앞서 잠깐 이야기했듯이 나는 새벽을 '내가 주도하는 시간', 나머지 시간을 '운명에 맡기는 시간'이라 표현한다. 일찍 일어나 생긴 시간에는 아무도 나를 방해하지 않으니 계획한 일을 실천할 수 있지만, 그 외의 시간에는 내가 아무리 미리 계획을 세워도 예상치 못하게 일정이 변경될 수도 있기 때문이다.

나를 우선순위에 두기 위해서는 남는 시간에 나만의 시간을 배정하는 것이 아니라 주도적으로 그 시간을 확보해야 한다. 조금이라도 스스로에게 시간을 투자하자는 의미다. 그리고 이 시간은 외부 스케줄이 시작되기 전에 확보할 수 있다. 이게 바로 우리가 새벽에 일찍 일어나야 하는 이유다.

내가 새벽에 무엇을 하느냐에 따라 남는 시간에 얻는 것 역시 달라질 수 있다. 플래너에 아침에 일어나서 출근하기 전까지의 시간을 '추가 자유 시간'으로 표시하고, 이 시간에 무엇을 할지 작성해보자. 이렇게 만든 나의 플래너는 다음과 같다.

229

	추가 자유 시간			고정돼 있는 시간			남는 시간			
주어진 시간	4	…	7	8	…	6	7	…	10	생략
활동 시간	추가 자유 시간			업무 시간			자유 시간			
To Do List	– 아침 4시 30분 기상 – 양치질 & 세수 – 나만의 시간 갖기 – 따듯한 차 마시기 – 영상 편집하기 or 책 원고 쓰기 – 영양제 챙겨 먹기 – 출근 준비하기						– 영상 편집하기 or 책 원고 쓰기 – 이동 중 책 읽기 – 저녁 먹기 – 잘 준비하기			

예상치 못하게 일이 몰리거나, 퇴근 후 집에서 업무를 마저 봐야 할 때도 새벽 시간을 활용해 나만의 시간을 미리 가지면 놓치는 것이 없다. 야근을 한 날 나의 플래너를 보면 오히려 더 많은 일일 목표를 달성한 것을 볼 수 있다.

회식이 있는 날에도 마찬가지다. 이럴 때는 새벽에 책을 읽는 대신 금주에 업로드할 영상을 편집하고 책은 지하철에서 읽는 걸로 계획을 세운다. 회식은 보통 6시 30분부터 시작해서 9시 정도에 끝나는데, 나는 술을 마시지 않기 때문에 이동 시간에 무언가를 처리하는 데 큰 부담은 없다. 아주 가끔 회식이 길어져 늦

나의 하루는 4시 30분에 시작된다

〈야근을 한 날〉

	추가 자유 시간		고정돼 있는 시간		남는 시간			
주어진 시간	4	… 7	8	… 6	7	… 10	생략
활동 시간	추가 자유 시간		업무 시간		자유 시간		
To Do List	− 아침 4시 30분 기상 − 양치질 & 세수 − 나만의 시간 갖기 − 따듯한 차 마시기 − 영상 편집하기 or 책 원고 쓰기 − 영양제 챙겨 먹기 − 출근 준비하기				− 저녁 먹기(샐러드 사 오기) − 야근 (프로젝트 A 검토, 보고서 작성하기, 계약서 검토 끝내기) − 퇴근길에 영상 BGM 선정하기 or 책 읽기 − 잘 준비하기(얼굴 팩하기, 11시 전에는 잠들기)		

〈회식 있는 날〉

	추가 자유 시간		고정돼 있는 시간		남는 시간			
주어진 시간	4	… 7	8	… 6	7	… 10	생략
활동 시간	추가 자유 시간		업무 시간		자유 시간		
To Do List	− 아침 4시 30분 기상 − 양치질 & 세수 − 나만의 시간 갖기 − 영상 편집 − 영양제 챙겨 먹기 − 출근 준비하기				− 회식(9시 전에 자리 뜨기) − 퇴근 길 책 읽기(《Love Does》 끝내기) − 잘 준비하기(아이 패치 붙이기)		

231

게 끝날 것 같으면 먼저 일어나겠다고 당당하게 이야기하고 나오기도 한다. 나와의 약속을 지키는 게 더 중요하기 때문이다.

．

간혹 약속이 취소되는 날도 있다. 그럴 때는 해야 할 일들 중 그 시간에 할 수 있는 일을 골라서 처리한다. 예를 들어 점심 약속이 있어 새벽에 운동을 했는데 일정이 취소됐다면, 비는 시간에 빈둥거리지 않고 영상을 편집하거나 공부를 하거나 책을 읽는 것이다. 이렇게 하면 낭비하는 시간이 적어진다.

새벽에 추가 자유 시간을 활용할 때는 계획한 걸 모두 다 해야 한다는 압박을 느끼지 않았으면 한다. 새벽 기상으로 얻은 시간은 나를 발전시키는 시간이지 업무 시간처럼 나를 압박하는 시간이 아니다. 예를 들어 새벽에 영상을 열심히 편집했는데 미처 끝내지 못했을 경우, 저녁이나 점심에 남는 시간에 끝내면 된다. 또한 새벽에 아무것도 하지 않고 쉬었다면 그때 에너지를 충전했으니 낮에 조금 더 열심히 일하면 된다.

추가 자유 시간은 심리적인 완충제가 돼준다. 퇴근 후에 너무 피곤해서 아무것도 하지 않았더라도 새벽에 어느 정도 할 일을 미리 했으니 괜찮다고 생각할 수 있기 때문이다. 나아가 새벽에 자기계발을 하면 저녁에 조금 더 여유롭게 하루를 마무리할 수 있고 이런 생활에 익숙해지면 또 다른 취미를 가질 수도 있다. 계속 다른 일을 해보고 싶게 만드는 에너지는 4시 30분 기상으로 얻은 추가 자유 시간이 나에게 준 선물이다.

이 모든 과정을 종합해보면 다음과 같은 스케줄을 갖게 된다. 새벽에 나만의 시간으로 하루를 시작하고, 자투리 시간도 알차게 활용한다. 오전 근무와 오후 근무 사이에는 맛있는 점심을 먹고 운동을 한다. 그리고 퇴근 후에는 취미를 갖기도 하고 편히 쉬며 하루를 마무리한다. 내일은 또 어떤 하루가 시작될까? 매일 밤, 내일이 기다려진다.

날짜	x 월 x 일	월 화 수 목 금 토 일

목표 / 다짐	자투리 시간
새벽은 내가 주도하는 시간이고 그 밖의 시간은 운명에 맡기는 시간이다!	– 오디오북 듣기 – 책 읽기 or 이메일 회신

메모

오늘도 나를 우선순위에 두려고 노력했다.

주어진 시간	4	5	6	7	8	9	10	11	12	1	2
활동 시간	추가 자유 시간				오전 업무				점심시간		

To Do List	– 새벽 4시 30분 기상 – 나만의 시간 준비 – 책 읽기 or 편집하기 – 출근 준비 및 출근하기 – 아침 먹기	– 업무 관련 최신 소식 공유 – 이메일 회신 – 계약서 검토 – 기안 상신	– 운동하기 – 점심 먹기 (구내식당) – 은행에 전화하기

나의 하루는 4시 30분에 시작된다

기상 시간	4 시 30 분	☀️🌙	취침 시간	10 시 00 분

REMINDER

- 은행에 전화하기 (031-000-0000)
- 헬스장 사물함 비용 납부하기 (3만 원)
- 민간 자격증 정보 알아보기
- 핸드폰 요금 납부하기
- 운동복 챙기기

3	4	5	6	7	8	9	10	11	12	1	2	3

오후 업무	자유 시간	취침 시간

- 유관 부서 미팅
- 해외 법인 미팅
- 팀 회의

- 저녁 먹기
- 필라테스 / 춤 학원 가는 날
- 유튜브 영상 편집하기
- 책상 정리하기
- 머리 염색하기 (집에서)
- 핸드폰 요금 내기
- 나이트 루틴 (스킨케어)

☀ 최고들의 아침 습관

매일 아침 4시에 일어나 7시까지 회사에 도착한다. 9시 전에 잠
자리에 들지도 않는다. 잠은 신이 주신 선물이라고들 하지만,
그 선물을 나는 전혀 한 번도 받지 못했다.

내가 어릴 때는 보수적인 고정관념이 만연해서

내가 하는 모든 일들이 틀을 깨는 것이었다.

나는 록 밴드에서 연주를 했고 나무를 기어올랐다.

이런 나를 보고 부모님은

"쟤가 도대체 뭘 하는 거야?"라고 말하곤 했다.

나는 아직도 약간 반항아다.

이렇게 가만히 앉아 있을 순 없다고 언제나 이야기한다.

매일 아침, 세상이 바뀌고 있다는 건강한 경각심을 갖고 일어나야 한다. 그리고 승리하기 위해서는 누구보다도 민첩하고 빠르게 변화해야 한다는 확신을 가져야 한다.

_인드라 누이Indra Nooyi, 펩시코Pepsico 전 CEO [21]

새벽,
변화의 씨앗을 심는 시간

"변호사가 되면 사람들에게 동기를 부여할 수 있는 책을 쓸 거야"라고 친구에게 이야기한 적이 있습니다. 어느덧 10년이 지나서야 그 목표를 이루게 됐네요. 원고 집필을 마무리할 때까지는 실감이 나지 않았습니다. 책을 내고자 하는 의지와 확실한 목표는 있었지만, 마음 한구석에는 어떠한 내용을 담아야 할지, 내가 책을 내는 게 정말 가능할지, 누가 내 책을 읽어줄지 등 많은 두려움에 휩싸였기 때문입니다.

하지만 앞이 보이지 않는 터널을 지나는 것이 진정한 도전이라는 생각으로 즐겁게 이 책을 썼습니다. 결과가 보장돼 있는 도전은 없습니다. 새로운 일에 뛰어들 때 확신이 서지 않거나 두려움과 불안을 느끼는 것도 너무나도 당연합니다. 진지한 꿈 앞에서 모두가 겪는 자연스러운 현상이죠. 이런 감정들이 도전을 멈춰야 하는 이유가 돼서는 안 됩니다.

이 책을 읽고 이제부터 달라질 자신을 기대해보면 좋겠습니다. 단순히 아침에 일찍 일어나 한두 시간을 투자하라는 게 아닙니다. 4시 30분에 일어나든 6시에 일어나든 얼마큼은 그동안 익숙했던 공간에서 벗어나 앞으로 질주하기를 바랍니다. 그 과정에서 나도 몰랐던 나 자신을 다시 알아가게 될 것입니다.

외롭고 우울하고 지칠 때마다 이 책을 다시 읽어보세요. 눈으로만 읽지 말고 과감하게 밑줄을 긋고 페이지 끝을 살짝 접어보고 메모를 남겨보세요. 다른 사람에게 의지하는 것보다 더 깊은 위로를 받을 수 있을 거라고 자신합니다. 이 책이 지금까지 외면했던 나 자신을 인생의 우선순위에 두게 만들어주고 진짜 나에게 맞는 생활 습관을 다시 찾아줄 것입니다.

잘하는 것도, 하고 싶은 것도 없다면 이제부터 새벽에 일어나 하나씩 만들어보는 것도 좋습니다. 우리는 배우고 가꾸면서 더 나은 나를 만들어나갈 때 진정한 자아를 발견할 수 있습니다. 이것은 완전하지 않은 존재로 태어난 우리가 누릴 수 있는 행운이며 권리입니다.

또한 이 책을 통해 무기력하고 아무것도 하기 싫을 때 변화의 씨앗을 심을 수 있기를 바랍니다. 처음에는 다른 사람의 이야기 때문에 시작했을지라도 그렇게 심은 작은 씨앗에 매일 물과 거름을 주다 보면 어느덧 뿌리가 깊게 자라 본인의 의지대로 성장하는 순간이 올 것입니다. 저도 이 순간을 직접 경험했습니다. 그렇게 문득 고개를 들어 보면 하늘을 향해 가지를 곧게 뻗은 멋진 나무가 보이고 '내 삶도 나쁘지 않은데?'라는 생각을 할 수 있을 것입니다.

진정한 발전은 자신이 잘하는 걸 찾는 것이 아니라 부족함을 인정하고 어제보다 더 나은 자신이 되기 위해 노력하는 것입니다. 잘될 거라는 보장이, 해야 할 뚜렷한 이유가 없어도 그냥 해 보세요. 그러다 보면 자연스럽게 좋은 습관이 생기고 그것이 모여 미래를 바꿀 것입니다.

마지막으로 이 공간을 통해 감사의 인사를 전하고 싶습니다.

우선 이 모든 것을 가능할 수 있게 해주신 하나님 아버지께 영광을 돌리고 싶습니다. 그리고 저의 많은 꿈을 하나씩 이룰 수 있도록 꿋꿋이 믿고 응원해준 가족들께도 깊은 감사를 표합니다. 매번 저의 새로운 꿈과 도전을 응원해주고 지지해준 친구들과 동료들, 정말 고맙습니다!

또 저의 유튜브 채널을 항상 긍정적인 에너지로 가득 채워주시는 구독자 분들께 감사의 말을 전하고 싶습니다. 마지막으로 꿈을 현실로 만들 수 있게 힘써주신 토네이도 출판사의 관계자 분들께도 감사의 인사를 드립니다.

김유진

1   사무엘 존스Samuel E. Jones 외 31명, 〈Genome-wide association analyses of chronotype in 697,828 individuals provides insights into circadian rhythms Nature Communications〉, 〈Nature Communications〉, 2019

2   팀 페리스, 《타이탄의 도구들》, 토네이도, 25p

3   https://mymorningroutine.com/arianna-huffington/

4   https://www.cnbc.com/2018/09/14/billionaire-jeff-bezos-shares-the-daily-routine-he-uses-to-succeed.html

5   https://beautyandwellbeing.com/beauty/interview-beauty/with-tory-burch/

6   https://www.independent.co.uk/life-style/health-and-families/sleep-snooze-button-wake-morning-inertia-body-brain-experts-a8492376.html

7   https://www.managers.org.uk/insights/news/2018/august/jack-dorsey-on-how-to-win-everyday

8   앤드류 필립스Andrew J. K. Phillips 외 7명, 〈Irregular sleep/wake patterns

are associated with poorer academic performance and delayed circadian and sleep/wake timing〉, 〈Nature〉, 2017

9   https://poy.time.com/2012/12/19/runner-up-tim-cook-the-technologist/

10   미르카 마우코넨Mirkka Maukonen 외 6명, 〈Chronotype differences in timing of energy and macronutrient intakes: A population-based study in adults〉, 〈Obesity〉 Volume 25, Issue 3, 2017

11   엘리스 페이서차일드Elise R Facer-Childs 외 4명, 〈Circadian phenotype impacts the brain's resting-state functional connectivity, attentional performance, and sleepiness〉, 〈sleep〉, 2019

12   https://www.businessinsider.com/disney-bob-iger-morning-routine-2018-10

13   https://www.cnbc.com/2017/06/20/elon-musks-morning-routine-and-top-productivity-tip.html

14   https://owaves.com/day-plans/day-life-oprah-winfrey/

15   https://www.virgin.com/richard-branson/why-i-wake-up-early

16   https://www.cnbc.com/2020/08/01/jpmorgan-chase-co-ceo-jamie-dimons-morning-routine.html
https://www.businessinsider.com/dimon-says-personal-life-is-the-biggest-challenge-2015-7

17   https://abcnews.go.com/Politics/pelosi-poised-make-history-back-gavel/story?id=60138168
https://everydaypower.com/nancy-pelosi-quotes/
https://www.newyorker.com/magazine/2011/11/14/power-walk

18 https://www.careergirldaily.com/how-to-plan-your-day-like-michelle-obama/

https://www.balancethegrind.com.au/daily-routines/michelle-obama-daily-routine/

19 https://thenewsette.com/2019/07/15/the-ceo-and-co-founder-of-ellevest-tells-us-about-her-early-morning-routine/

https://www.forbes.com/sites/elanagross/2017/01/12/sallie-krawcheck/#54f1cda36b49

20 https://www.businessinsider.com/retired-navy-seal-jocko-willinks-morning-routine-2015-11

21 https://www.businessinsider.com/how-pepsi-ceo-indra-nooyi-motivates-herself-2015-8

플래너 사용법

1. 본 플래너는 저자가 실제로 고안한 플래너의 10일 치 분량입니다. 정식 플래너는 곧 출간될
   예정입니다.

2. 지금부터 책을 오른쪽으로 90도 돌려서 플래너를 작성해보세요. 본문에 나와 있는 대로 아
   침 일찍 일어나 본격적으로 하루를 준비하기 전 그날의 목표를 살펴봅시다.

3. 하루 일과를 마치면 잠들기 전 목표를 잘 달성했는지 점검해보고 메모란에 감상을 적어봅시
   다. 그리고 내일 할 일을 작성해보세요.

날짜		월	일	월	화	수	목	금	토	일	기상 시간		시	분	☀️🌙		취침 시간		시	분

REMINDER

목표 / 다짐

자투리 시간

메모

주어진 시간	4	5	6	7	8	9	10	11	12	1	2	3	4	5	6	7	8	9	10	11	12	1	2	3
활동 시간																								

To
Do
List

| 날짜 | 월 | 월 | 일 | 월 | 화 | 수 | 목 | 금 | 토 | 일 | 기상 시간 | 시 | 분 | ☀☽ | 취침 시간 | 시 | 분 |

목표 / 다짐

자투리 시간

REMINDER

메모

주어진 시간	4	5	6	7	8	9	10	11	12	1	2	3	4	5	6	7	8	9	10	11	12	1	2	3
활동 시간																								

To
Do
List

날짜	월 일	월	화	수	목	금	토	일	기상 시간	시	분	☀☾	취침 시간	시	분

목표 / 다짐

자투리 시간

REMINDER

메모

주어진 시간	4	5	6	7	8	9	10	11	12	1	2	3	4	5	6	7	8	9	10	11	12	1	2	3
활동 시간																								

To
Do
List

날짜	월	일	월	화	수	목	금	토	일	기상 시간		시	분	☀ 🌙	취침 시간		시	분

목표 / 다짐

자투리 시간

REMINDER

메모

주어진 시간	4	5	6	7	8	9	10	11	12	1	2	3	4	5	6	7	8	9	10	11	12	1	2	3
활동 시간																								

To Do List

날짜	월	일	월	화	수	목	금	토	일	기상 시간	시	분		취침 시간		시	분
	목표 / 다짐				자투리 시간								☀ ☽ REMINDER				
메모																	

주어진 시간	4	5	6	7	8	9	10	11	12	1	2	3	4	5	6	7	8	9	10	11	12	1	2	3
활동 시간																								

To
Do
List

날짜	일	월	화	수	목	금	토	일	기상 시간		시	분	☀️🌙	취침 시간		시	분

목표 / 다짐

자투리 시간

REMINDER

메모

주어진 시간	4	5	6	7	8	9	10	11	12	1	2	3	4	5	6	7	8	9	10	11	12	1	2	3
활동 시간																								

To
Do
List

날짜	월	일	월	화	수	목	금	토	일	기상 시간	시	분	취침 시간	시	분
목표 / 다짐					자투리 시간								REMINDER	☀ ☾	

메모

주어진 시간	4	5	6	7	8	9	10	11	12	1	2	3	4	5	6	7	8	9	10	11	12	1	2	3
활동 시간																								

To
Do
List

날짜	월 일	월 화 수 목 금 토 일	기상 시간	시	분	☀️🌙	취침 시간	시	분

목표 / 다짐

자투리 시간

REMINDER

메모

주어진 시간	4	5	6	7	8	9	10	11	12	1	2	3	4	5	6	7	8	9	10	11	12	1	2	3
활동 시간																								

To Do List

날짜	월	화	수	목	금	토	일	기상 시간	시	분	☀🌙	취침 시간	시	분

목표 / 다짐

자투리 시간

REMINDER

메모

주어진 시간	4	5	6	7	8	9	10	11	12	1	2	3	4	5	6	7	8	9	10	11	12	1	2	3
활동 시간																								

To
Do
List

| 날짜 | 월 | 화 | 수 | 목 | 금 | 토 | 일 | 기상 시간 | 시 | 분 | 취침 시간 | 시 | 분 |

| 목표 / 다짐 | 자투리 시간 | REMINDER |

메모

주어진 시간	4	5	6	7	8	9	10	11	12	1	2	3	4	5	6	7	8	9	10	11	12	1	2	3
활동 시간																								

To
Do
List

나의 하루는 4시 30분에 시작된다

1판 1쇄 발행 2020년 10월 20일
1판 10쇄 발행 2024년 3월 25일

지은이 김유진
발행인 오영진 김진갑
발행처 토네이도

기획편집 박수진 박민희 유인경 박은화
디자인팀 안윤민 김현주 강재준
표지 및 본문 디자인 유니드
마케팅 박시현 박준서 조성은 김수연
경영지원 이혜선

출판등록 2006년 1월 11일 제313-2006-15호
주소 서울시 마포구 월드컵북로5가길 12 서교빌딩 2층
전화 02-332-3310 팩스 02-332-7741
블로그 blog.naver.com/midnightbookstore
페이스북 www.facebook.com/tornadobook

ISBN 979-11-5851-190-6 03190

이 도서의 국립중앙도서관 출판예정도서목록(CIP)은 서지정보유통지원시스템 홈페이지(http://seoji.nl.go.
kr)와 국가자료종합목록 구축시스템(http://kolis-net.nl.go.kr)에서 이용하실 수 있습니다. (CIP제어번호:
CIP2020038661)